Advanced Model Railways
1st Spanish edition – Turse
April 1995.

AVANZADO

MODELISMO DE FERROCARRILES

AVANZADO
MODELISMO DE FERROCARRILES

— = DAVE LOWERY = —

TURSEN
HERMANN BLUME EDICIONES

UN LIBRO QUINTET

Publicado por The Apple Press
6 Blundell Street
Londres N7 9BH

Este libro fue diseñado y producido por
Quintet Publishing Limited
6 Blundell Street
Londres N7 9BH

Director Creativo: Richard Dewing
Diseño: James Lawrence
Editora del Proyecto: Helen Denholm
Editora: Michelle Clark
Fotógrafo: Tony Wright

Agradecemos a las siguientes personas su ayuda en la elaboración del
libro: R.J.H Model Railways, Parkside Dundas, Victors of London,
Brian Monaghan y Barry Norman.

Traducción
Miguel Angel González

© 1995 Tursen, S.A. - Hermann Blume Ediciones
Mazarredo, 4, 5.º B. 28005 Madrid
Tel: 366 71 48 - Fax: 365 31 48
Primera edición española, 1995
ISBN: 84-87756-61-1

CONTENIDO

INTRODUCCION

Para el aficionado al modelismo ferroviario que ya conoce los principios básicos, el siguiente paso es hacer un trazado individual, con su propio paisaje y elementos, que parezca lo más real posible. Este libro le ofrece detallados ejemplos y fotografías paso a paso de todas las técnicas que dan vida a un trazado.

Se describen métodos de construcción del tablero, así como la aplicación de detalles escénicos específicos —desde rocas y follaje a zonas con agua o incluso un trigal. Aparecen consejos sobre los pros y contras de diferentes materiales y las fotografías a color le enseñan, por ejemplo, cómo se consigue una hierba realista aplicando no un solo tono uniforme de verde, sino varios colores.

Hay capítulos que explican los pasos para construir vagones y locomotoras con kits de plástico y metal, para pintarlos y decorarlos, además de los detalles finales que los hacen diferentes, como la suciedad o el óxido. También se incluyen las diferentes formas de realizar los detalles arquitectónicos de estaciones y otros edificios.

Dos vías separadas
por un terraplén de
hierba y maleza. Una
construcción de
tablero abierto le
permitirá tener vías a
diferentes niveles.

Después de leer este libro podrá construir
su propio trazado y puede estar seguro de
que las técnicas aprendidas le ayudarán a
convertir su idea en realidad. El mundo del
modelismo ferroviario es cada vez más amplio, por lo que la única limitación es su
imaginación. Consulte libros y revistas para
extraer ideas, estudie las maquetas de otras
partes del país o de otros países —un tren
que aparezca en una escena de una película
puede proporcionar ideas para un proyecto,
así como algo que haya visto de vacaciones.
Ahora pasamos a la parte práctica.

Este es un trazado de
época bastante
complejo que incluye
cuatro líneas
principales y
apartaderos de
intercambio. Se puede
tardar un par de años
en conseguir un
trazado tan detallado.

DERECHA

Esta es una vista de un lado del tablero con paisaje que se puede construir siguiendo los pasos de los Capítulos 2 y 3.

IZQUIERDA

Descubra cómo puede construir estos vagones tolva de cuatro ruedas a escala 0 en el Capítulo 8, y luego en el Capítulo 9 cómo pintarlos utilizando cintas de enmascarar para conseguir sus llamativos colores.

DERECHA

Incluso un tablero sencillo puede resultar interesante. Aquí se ha añadido un estanque en una esquina (véase Capítulo 6).

PLANIFICACION DEL TRAZADO

Al escoger un trazado, debe empezar con una visión de lo que quiere crear y cómo pretende utilizarlo. Si después de pasar meses de duro trabajo construyendo modelos, paisajes y demás el trazado final no le resulta satisfactorio, pronto dejará de ser interesante. Para que un tren en miniatura resulte cautivador, es necesario preparar rutas de vía y controles bien estudiados.

En este capítulo se discuten diseños básicos, tipos de proyecto y algunas áreas, en las que puede no haber reparado, que le servirán para empezar con buen pie. De cualquier modo, es preferible que el primer trazado sea pequeño, o que al menos ofrezca la oportunidad de acabarlo en esta vida.

Existen casi tantos tipos de maquetas como modelistas, de modo que antes de decidir qué va a modelar, piense qué busca en este hobby. ¿Está interesado en el funcionamiento del trazado, en el escenario o en construir locomotoras? ¿Prefiere escenas de línea principal, línea secundaria o de pequeños ferrocarriles? ¿Quiere construir una estación o un tramo de línea entre estaciones con algún elemento singular? ¿Necesita simplemente una vía de prueba donde colocar su última locomotora? Las escenas de línea principal requieren largos tramos de vía y estaciones de cierto tamaño para acomodar el material rodante, así que si prefiere este tipo de ferrocarril, ¿está preparado para el espacio y el trabajo extra que le va a exigir? ¿O está preparado para dedicarse a un modelo de escala más reducida?

Cualquier maqueta que no se limite a una vía de pruebas debe tener una «historia» convincente y coherente detrás. Esto quiere decir que el constructor debe haber pensado *dónde* está situada la línea, *por qué* se construyó (por ejemplo para transportar carbón desde las minas a un puerto marítimo o para llevar productos agrícolas a una ciudad en desarrollo), y qué *período* ilustra la maqueta. Sólo con estas consideraciones queda claro que existe un gran campo para todo tipo de ideas en cuanto a planificación del trazado. Por ejemplo, es posible modelar una línea que exista realmente o haya existido, sacando de las historias publicadas o de los archivos locales qué aspecto tenía el lugar en el período escogido; una línea imaginaria, sea independiente o del estado, puede colocarse en un lugar real, siempre que haya una razón real para que el ferrocarril esté ahí; puede modelarse parte de una compañía real en un lugar imaginario (algunos trazados realmente buenos han sido construidos por modelistas que inventaron

no sólo el ferrocarril, sino también la ciudad e incluso todo el país en el que estaba situado).

Lo importante es que el ferrocarril sea coherente y esté en consonancia con lo que le rodea. Puede parecer algo pedante, pero si visitamos algunas exhibiciones de maquetas de ferrocarriles podremos ver claramente que los mejores trazados embaucan al espectador porque se han considerado todos estos puntos.

Muchos modelistas realizan sus trazados del mismo modo que un pintor cuando se plantea plasmar una escena en el lienzo, pero este medio es tridimensional. Recuerde, una vez que empiece a construir un trazado escénico, ya no estará jugando con un «trenecito», está construyendo una maqueta de ferrocarril. Como se puede ver, aunque se trata de un hobby divertido y relajante, hay que establecer algunos parámetros básicos para no perder un tiempo y un esfuerzo preciosos.

En todo el libro hay ejemplos de trazados completos para darle una idea de lo que puede conseguirse, pero tenga en cuenta que se necesita mucho tiempo para lograr trazados de este nivel. No se desanime si su primer intento con un trazado avanzado no resulta tan bueno como éstos. Ningún modelista de ferrocarriles ha quedado contento con su primera maqueta —pero con la práctica y la experiencia acumulada, logrará resultados de profesional. Por tanto, empiece

Nombre común	Escala	G pulg.	G mm	B pulg.	B mm
1	10mm/ft	1 3/4	44,45	1,574	40,0
1F	10mm/ft	1,771	45,0	1,654	42,0
0	7mm/ft	1,259	32,0	1,102	28,0
0F	7mm/ft	1,259	32,0	1,141	29,0
S	3/16 pulg/ft	0,875	22,23	0,781	19,85
S4/P4	4mm/ft	0,741	18,83	0,703	17,87
EM	4mm/ft	0,709	18,0	0,649	16,5
00/H0	4mm/ft 3,5 pulg/ft	0,649	16,5	0,570	14,5
TT	3mm/ft	0,472	12,0	0,406	10,31
N	2mm/ft	0,354	9,0	0,291	7,4
2mm	2mm/ft	0,371	9,42	0,336	8,5
Z	1/220	0,256	6,5	0,216	5,5

ARRIBA

Una clara demostración de un trazado con diferentes niveles bien pensado. Los huecos entre los niveles han sido rellenados con rocas y la excelente disposición de los puentes da cuerpo a toda la escena.

La medida entre las caras interiores de un par de ruedas (B) y el ancho de vía (G), que es la distancia entre los bordes internos de cada par de raíles. Esta tabla muestra qué medidas de rueda se acoplan a cada ancho de vía.

B

G

uno pequeño, acábelo, gane experiencia y utilice todo lo aprendido en el siguiente proyecto.

Los trazados completos del libro pretenden inspirarle y mostrarle lo variadas que pueden ser las maquetas de ferrocarril. Una de estas obras maestras puede contener algún elemento que le llenará de entusiasmo y que no le dejará descansar hasta que su propia versión adquiera tres dimensiones.

Sería una buena idea, si no lo ha hecho ya, unirse a un club, sociedad o asociación. Le permitirá ver el trabajo de otros modelistas. Además, un grupo puede conseguir un proyecto mucho más grande que un individuo. La mayoría de los clubes tienen algún tipo de vía de pruebas en la que realizar y probar sus primeros modelos sin necesidad de tener su propio trazado. No se desanime

DERECHA

Los anchos de vía más comunes con sus escalas y proporciones.

Nombre común	Escala	Ancho	Proporción
1	10mm/ft	44,45mm	1/32
0	7mm/ft	32mm	1/43
*00	4mm/ft	16,5mm	1/76
*H0	3,5mm/ft	16,5mm	1/87
TT	3mm/ft	12mm	1/120
N	2mm/ft	9mm	1/160 Europea ó 1/148 Británica
Z	—	6,5mm	1/220

*Los anchos 00 y H0 suelen presentarse juntos como 00/H0 porque, aunque hay una ligera diferencia en escala, funcionan sobre el mismo ancho de vía.

DESARROLLO DE UN DISEÑO

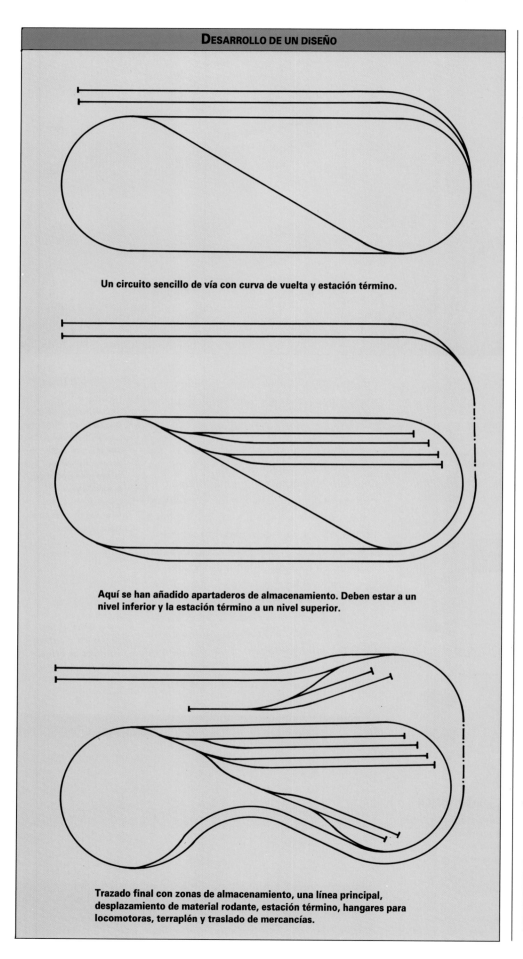

Un circuito sencillo de vía con curva de vuelta y estación término.

Aquí se han añadido apartaderos de almacenamiento. Deben estar a un nivel inferior y la estación término a un nivel superior.

Trazado final con zonas de almacenamiento, una línea principal, desplazamiento de material rodante, estación término, hangares para locomotoras, terraplén y traslado de mercancías.

por las críticas, la mayoría son constructivas y bien intencionadas.

Hace algunos años construí un trazado que todavía me gusta manejar. Lo construí en poco tiempo (seis meses para la primera sección) y, lo más importante, aún sigo añadiendo cosas. He añadido material rodante y locomotoras para reemplazar los artículos anticuados y para incorporar nuevas clases, además de algunas secciones de tablero.

Mi idea original era tener mi propio sistema completo de ferrocarril en una maqueta. Está ambientada a principios de siglo, en la era victoriana, y construida a escala de 4mm a 1 pie, con las normas S4. Tiene un ancho de vía de 18,83mm, que a tamaño real sería 1,43m —ancho estándar.

Aunque mi trazado inicial de una pequeña línea término era más parecido a un diorama, lo construí teniendo en mente un esquema mucho más grande; iba a ser la primera parte de un tema que se ampliaría para incluir un puerto, un cruce con la línea principal, fábricas de gas y hangares para almacenar las locomotoras que construiría. Hasta la fecha, he completado la línea secundaria y el puerto (puede ver fotografías de ambos en la página 16), la fábrica de gas está en construcción y el hangar sólo está planeado. Es posible que en unos años haya terminado estas partes de mi trazado, pero un trazado nunca está realmente acabado —como en todos los sistemas ferroviarios, se pueden añadir, cambiar o mejorar cosas.

El mayor error que se puede cometer al diseñar un trazado es coger un tablero y luego realizar un trazado que quepa en él.

CONSEJOS UTILES

Cuando diseñe un trazado, dibuje primero el plan y luego construya un tablero para él —no intente ajustar su diseño en un espacio pequeño.

Haga un trazado operativo —se cansará de mirar cómo su material rodante da vueltas y vueltas en un circuito simple.

Escoja una escala que quepa en el espacio del que dispone para construir su trazado. La escala N ocupa la mitad de espacio que la 00/H0.

Un trazado no está nunca completo, así que deje sitio para ampliarlo.

Empiece por algo pequeño y vaya ampliando un poco cada vez, pero tenga siempre en mente su plan general.

Este impresionante edificio de estación está a escala 7mm y mide 1,2m de largo. No sólo se han reproducido exactamente los detalles exteriores, cada edificio tiene todos los detalles de su interior, incluidas luces que se encienden.

Esta magnífica cantera, que se completa con una planta de triturado y edificios de carga, funciona únicamente con locomotoras y trenes de carga —no hay muchos pasajeros aquí—, pero se puede disfrutar enormemente haciendo funcionar los distintos trenes.

Diagrama del diorama que aparece en esta página. Algunas partes están completas, pero se ha dejado espacio a la izquierda para posibles ampliaciones. Las flechas numeradas muestran las posiciones desde las que se tomaron las fotografías.

La parte izquierda de este diorama, que sólo tiene 1,25m de longitud, presenta un cobertizo rural para máquinas con una columna de agua. El detalle es magnífico —incluso se ha tenido en cuenta que el agua sobrante bajaría por un desmonte creando un excelente hábitat para helechos. Esta maqueta demuestra que un trazado no tiene por qué tener sólo trenes. En una maqueta tan pequeña como ésta se pueden incluir una gran cantidad de detalles.

Esta es una escena costera inglesa. Se han utilizado unas cien figuritas, cada una repintada adecuadamente para la escena. Fue la primera ampliación del trazado y tardó en ser construida unos tres meses. Aunque es pequeña, está muy detallada para crear la sensación de realismo. Las consideraciones operacionales fueron también muy importantes en esta parte del trazado.

Aquí está la otra mitad del diorama. Contiene una pequeña estación término y apartaderos espartanos para mercancías. Está ambientada a principios de siglo, por lo que el lechero conduce las vacas hacia los establos para guardarlas y llevarlas al mercado. Cada teja del tejado de la estación está pegada individualmente para crear el efecto de pizarras colocadas sobre listones.

Es mejor diseñar *primero* el trazado y organizar el tablero a su medida. De este modo sólo serán necesarios pequeños cambios.

Antes de empezar a dibujar, haga una lista de lo que necesita para su trazado, poniendo todas las cosas que pueda. Aquí tiene algunas sugerencias para un trazado básico ampliable:

- accionamiento de línea principal
- circuito sencillo
- estación término —con curva de retorno
- para alojar algunos trenes inmóviles —apartaderos
- cada tren tendrá dos locomotoras —mucho movimiento de locomotoras y espacio en cobertizos
- controlador principal y secundario —independiente el uno del otro, permiten mover dos trenes a la vez.

Con estas ideas como parámetros, diseñé mi trazado. La ampliación de los puntos principales, en cuanto al tipo de material que puede contener y su potencial funcionamiento, puede resumirse así. Empezando con la estación término, decidí que una locomotora y tres coches tendrían una longitud razonable para colocarlos en el andén. Además, debía quedar suficiente espacio para la segunda máquina, que traería el tren a la estación término para ser después separada y aislada.

Una vez establecido el tamaño de la estación, decidí dotarla de un imponente tejado. Puede resultar realmente atractivo. Son este tipo de elementos los que le darán a su trazado originalidad y personalidad.

Uno de los principales problemas en las maquetas de trenes son las curvas cerradas, pero se hacen necesarias puesto que las curvas más suaves hacen el trazado demasiado grande. Estas curvas deben estudiarse a fondo. Deben quedar ocultas, dejando visibles sólo las secciones rectas. Para conseguirlo, decidí crear una ciudad en el extremo de la estación término y, en el otro extremo, una montaña o colina que cubriese las dos vías. Si además se incorpora una curva invertida (la diagonal en el diagrama de la página 14), cuando la locomotora pase por esta curva, mirará hacia el otro lado, de modo que le hace dar la vuelta.

Si queremos manejar diferentes trenes, éstos deben estar almacenados en algún sitio cuando no se usan. Solucioné este pro-

ARRIBA

Cuando se unen el ferrocarril y la carretera se logra una combinación animada, y más aún en una estación de transbordo. En este pequeño espacio se agrupan muchos elementos, tanto arquitectónicos como mecánicos, y se ha prestado mucha atención al detalle y la textura.

blema creando una serie de apartaderos de almacenamiento bajo la estación término a un nivel más bajo, por lo que necesité un trazado de dos niveles (véase el diagrama de página 14). También se necesita un terraplén para poder llevar los trenes desde el circuito del nivel inferior y los apartaderos hasta la estación término. De hecho, se necesitan *dos* zonas: una en el nivel inferior donde guardar las locomotoras una vez que den la vuelta hasta que puedan regresar al cobertizo principal del nivel superior aligeradas de su carga. El plan final aparece en página 14.

Finalmente, procure que los circuitos principales estén accesibles para poder ampliar el trazado más adelante. Si realiza un plan lo más detallado posible —incluso en las rutas que llevarán los cables de los puntos eléctricos, la colocación del controlador y de los interruptores y palancas— evitará muchos problemas innecesarios y muchas frustraciones más adelante.

BASES SOLIDAS TABLEROS

El elemento más importante en cualquier maqueta de ferrocarril, no importa su tamaño, es un tablero adecuado; una base firme sobre la que crear su obra maestra. La mejor elección es aglomerado, cartón o madera para modelismo. Esta última puede encontrarse en la mayoría de las tiendas de modelismo y quizá sea la mejor. Es más ligera que el cartón, pero necesita más travesaños de madera blanda para evitar que se comben las tablas largas y que se ondulen las vías. Escoja el material que escoja, debe ser lo bastante blando para clavar fácilmente las vías.

En una maqueta de ferrocarril es imprescindible un tablero si se quiere tener las locomotoras y material rodante limpios, bien conservados y sin pelusa. La pelusa, al acumularse en los mecanismos de la máquina, obstruye las ruedas, engranajes y ejes, además de eliminar el aceite, tan importante para un funcionamiento suave. Un tablero permanente, normalmente formado por un bastidor de madera blanda con una cubierta, evita que todo esté por el suelo. También permite almacenar las vías y llevar su trazado a las exhibiciones.

También es importante su almacenamiento. La naturaleza de los ferrocarriles en miniatura hace que ocupen gran cantidad de espacio. De modo que si no dispone de un desván grande o un garaje, una vez que termine de usarlo, puede guardarlo. Por ejemplo, puede ponerle unas ruedecillas y guardarlo bajo la cama, o diseñarlo para que se pliegue contra una pared o incluso suspenderlo del techo mediante poleas y cuerdas para que se pueda quitar cuando no lo use —de lo más ingenioso.

En este capítulo encontrará instrucciones paso a paso para construir un tablero sencillo sobre un armazón de madera blanda de 5 × 2,5cm. Este armazón se utiliza luego como base para un tablero abierto (véase el diagrama superior de la página 21). Para las ilustraciones se ha construido una sección de tablero de 60cm cuadrados. Basta con alargar las piezas laterales para tener las medidas estándar de tableros, como 1,8 × 1,2m, ó 2,4 × 1,2m.

Para trazados en los que se necesite más altura, anchura y profundidad —una cadena montañosa o una escena con un valle o cañón, por ejemplo— se debe utilizar más el aglomerado ya que, aunque es más pesado que la madera de modelismo, será más fácil conseguir una superficie nivelada. Las fotografías de escenas completas muestran cómo un principio humilde puede ser la base de impresionantes maquetas cuando se amplían a mayor escala.

Para hacer tableros abiertos con paisajes, los travesaños pueden hacerse de aglomerado. El paisaje debe estar bien planeado de antemano, pero puede hacerse fácilmente si después de dibujarlo se hace un pequeño modelo a escala (digamos una escala de 10:1) con cartón y ta-

ARRIBA

En este detallado trazado, construido con la técnica de tablero abierto, la vía del primer plano baja por una pendiente, da la vuelta más allá y pasa de nuevo por debajo del puente.

IZQUIERDA

Aquí la técnica del tablero abierto se ha utilizado para crear un viaducto con carretera sobre una vía que corre siguiendo un desmonte.

CONSTRUCCION DE TABLERO BASICO Y ABIERTO

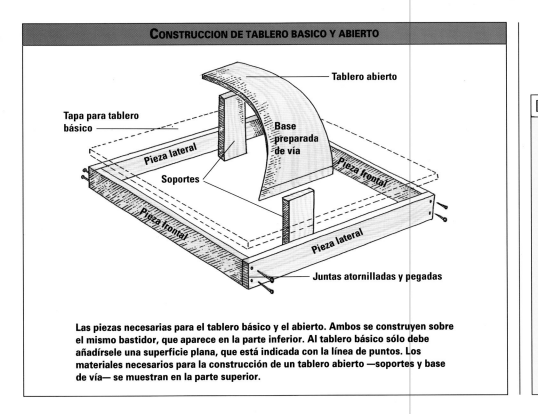

- Tablero abierto
- Tapa para tablero básico
- Base preparada de vía
- Pieza lateral
- Soportes
- Pieza frontal
- Pieza frontal
- Pieza lateral
- Juntas atornilladas y pegadas

Las piezas necesarias para el tablero básico y el abierto. Ambos se construyen sobre el mismo bastidor, que aparece en la parte inferior. Al tablero básico sólo debe añadírsele una superficie plana, que está indicada con la línea de puntos. Los materiales necesarios para la construcción de un tablero abierto —soportes y base de vía— se muestran en la parte superior.

blas de madera de balsa para probar el diseño. El modelo puede utilizarse después como guía durante las etapas de la construcción del verdadero.

Al unir secciones de aglomerado, añada siempre filetes de madera de alrededor de 2,5cm cuadrados, bien pegados y clavados, para asegurar las juntas. Cada etapa de la construcción requiere 24 horas de secado, habiendo comprobado que las juntas quedan cuadradas y niveladas antes de dejarlas secar, ya que será imposible ajustarlas una vez secada la cola.

Es esencial utilizar algunas abrazaderas durante la construcción, en particular la abrazadera de esquina. Debido a la excelente resistencia al peso de este tipo de construcción, es posible aligerar la estructura practicando unos agujeros en los travesaños. También se pueden añadir travesaños ligeros para fortalecer la estructura, colocándolos si es posible en triángulos, pues son más fuertes y resistentes a la torsión.

DAR MAS ALTURA A UN TABLERO ABIERTO

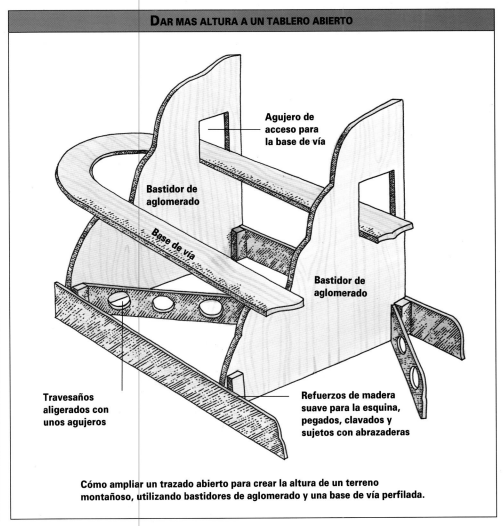

- Agujero de acceso para la base de vía
- Bastidor de aglomerado
- Base de vía
- Bastidor de aglomerado
- Travesaños aligerados con unos agujeros
- Refuerzos de madera suave para la esquina, pegados, clavados y sujetos con abrazaderas

Cómo ampliar un trazado abierto para crear la altura de un terreno montañoso, utilizando bastidores de aglomerado y una base de vía perfilada.

— TABLERO BASICO —

1 Aquí están las herramientas y materiales necesarios para completar un tablero básico. Se incluyen un banco de trabajo (o cualquier otra base adecuada); taladradora, sierra y destornillador mecánicos o sus equivalentes manuales; cinta métrica; lápiz; escuadra; tornillos; cola para madera.

2 Utilizando la cinta métrica, se marcan los listones de madera con un lápiz. Necesita dos frontales y dos laterales, cortados según el tamaño de base que necesite.

3 Alinee la escuadra cuidadosamente con las marcas, dibuje una línea de parte a parte de la madera, y haga una marca para indicar qué lado de la línea va a cortar.

4 Al cortar, debe hacerlo por el lado exterior de la marca para que el trozo resultante de madera tenga la longitud correcta.

5 Los dos frontales irán colocados entre los dos laterales para formar un cuadrado, así que deben ser dos veces el grosor de la madera más cortos que los laterales.

6 Aquí están las cuatro piezas del cuadrado. Los frontales están alineados para que se vea que son dos veces el grosor de la madera más cortos (obsérvense los trozos sobrantes).

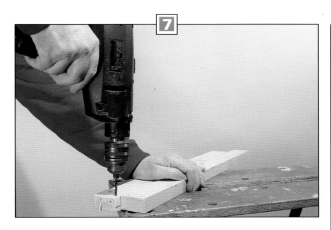

7 Se hacen primero los agujeros en los frontales, que luego serán atornillados y pegados a los laterales.

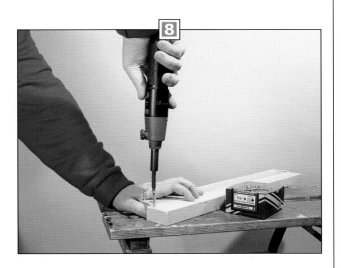

8 Una vez que se han hecho los agujeros, se introducen un poco los tornillos hasta que las puntas lleguen a la parte posterior de la madera.

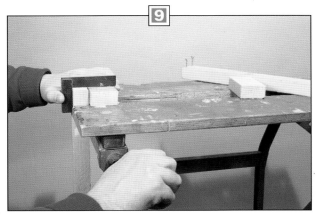

9 Utilizando una abrazadera, se inserta un extremo de un lateral hasta que sobresalga por encima lo que es el grosor de la madera (se mide utilizando un trozo cortado).

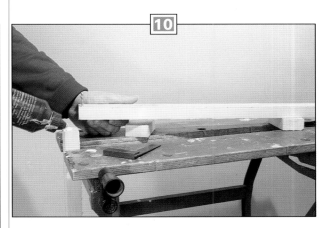

10 Se aplica cola para madera en el extremo del lateral sujeto y se coloca sobre él uno de los frontales, alineando todos los bordes para que estén cuadrados.

11 El otro extremo del frontal se coloca sobre uno de los tacos sobrantes para que esté nivelado y luego se acaban de meter los tornillos en el lateral.

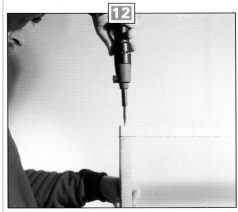

12 Repetimos el proceso en el otro extremo del lateral, formando una U, y luego se añade el otro lateral del mismo modo para completar el cuadrado.

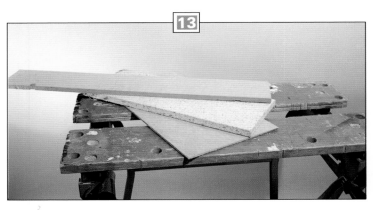

13 Existen diversos materiales que los modelistas pueden utilizar para realizar la parte superior del tablero. Desde arriba hacia abajo: madera «DM», aglomerado y cartón piedra. Sólo hay que cortarlas al tamaño adecuado.

14 Se aplica cola para madera en los bordes del bastidor de madera blanda. Se hacen unos agujeros en la tabla a intervalos iguales, aproximadamente a la mitad de la anchura del borde del bastidor desde el borde de la tabla.

15 Luego se coloca la tabla encima del bastidor encolado, alineando los bordes con cuidado. Se atornilla la tabla al bastidor metiendo los tornillos por los agujeros practicados.

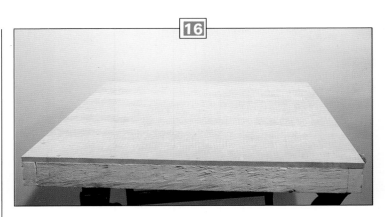

16 Este es el tablero terminado después de dejarlo secar 24 horas.

17 Un buen material para la superficie de un tablero es aquél en el que se puedan clavar fácilmente clavos pequeños para asegurar la vía.

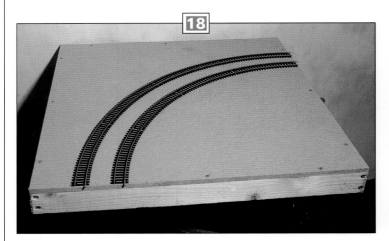

18 Para esta demostración hemos construido un tablero sencillo de 60cm cuadrados con una curva de doble vía como tema principal.

— TABLERO ABIERTO —

1 Se marca el perfil de la vía (dejando un amplio margen a cada lado para colocar luego el escenario) sobre un material bastante fuerte, como aglomerado, madera «DM» o cartón piedra.

3 Puede añadirse un segundo nivel, que se fijará a unos soportes clavados en el bastidor.

2 Se recorta, serrando por las líneas y luego se clava a un bastidor de madera blanda del mismo modo que el tablero básico.

4 La altura del segundo nivel puede variarse cambiando la longitud de los soportes.

BASES ESCENICAS

La impresionante cantera es un excelente telón de fondo para este trazado, dándole a la vez altura y profundidad.

En este momento el único límite es su imaginación. La inspiración es el alma de muchos de los trazados que aparecen en este libro. Se puede conseguir cualquier topografía, desde sencillos campos hasta ondulantes colinas o incluso montañas que van desde el suelo hasta el techo. La amplia gama de materiales existentes le permitirán crear escenas increíblemente reales.

El tablero abierto, como se ha visto en el último capítulo, es especialmente indicado para la creación de escenarios. Como indica su nombre, lo primero es un bastidor básico. En este capítulo se tratan dos métodos para cubrir los huecos del bastidor. Primero, bloques de poliestireno convenientemente cortados y luego cubiertos de yeso. El siguiente método es mejor para cubrir zonas más grandes, donde sólo se puede poner poco peso, y utiliza malla de alambre cubierta con yeso blanco.

Utilice siempre láminas de poliestireno gruesas, como las que se utilizan en la construcción para el aislamiento de casas —las utilizadas para embalar aparatos eléctricos y demás no son adecuadas. Este tipo de poliestireno usado en el embalaje no tiene una densidad o grosor consistente y crea más problemas que otra cosa. Con el propósito de mostrarle los métodos con poliestireno y con malla metálica, el trazado de la demostración está partido por la mitad —una mitad se ha construido con la primera técnica y la otra con la segunda.

— = BASE ESCENICA DE POLIESTIRENO Y YESO = —

1 Empiece en la esquina inferior, recorte la primera pieza de poliestireno para que ajuste en el armazón. Aún no se pega en su sitio.

2 Se corta y da forma a la segunda capa, recortando la cara que está más cerca de la base de la vía con un viejo cuchillo de pan.

3 Para simular una roca, que formará uno de los lados del desmonte para la vía inferior, se utiliza corteza de corcho (disponible en floristerías).

4 Se recorta un hueco del grosor de la corteza de corcho en las capas de poliestireno.

5 Como se dijo antes, la base de vía debe ser ancha para que quepa tanto la roca como la vía.

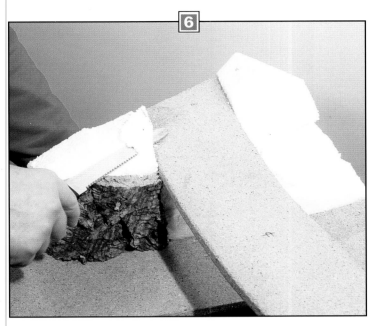

6 Se añaden las capas finales de poliestireno, dándoles de nuevo la forma adecuada. Una vez perfectamente acopladas, se pegan utilizando cola para poliestireno y luego se deja varios días, preferiblemente en un sitio cálido, para que seque.

7 Una vez que la base se haya endurecido, se aplica con cuidado una capa fina de yeso instantáneo en la superficie del poliestireno. Después se deja que seque.

= BASE ESCENICA DE MALLA DE ALAMBRE Y YESO =

1 *Con una pistola de grapas, asegure un trozo de malla, aproximadamente del tamaño del espacio que se va a cubrir, en la parte inferior de la base de la vía superior.*

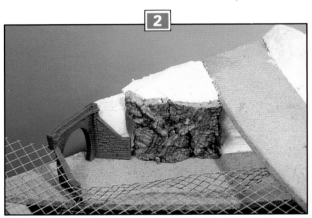

2 *Se dobla con cuidado para que llegue a la base de la vía inferior, cortando si es necesario, y se coloca en su sitio la boca de túnel de plástico.*

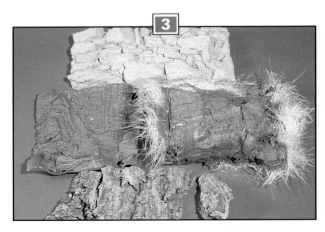

3 *La textura de las rocas varía en formas y tamaños. De arriba a abajo vemos una máscara de resina, una moldura de fibra de vidrio (parte frontal y posterior) hecha a partir de un trozo de corteza, como el que hay debajo.*

4 *Aquí vemos cómo se construye la superficie de la roca con trozos de corteza de corcho, unidos a la base con yeso.*

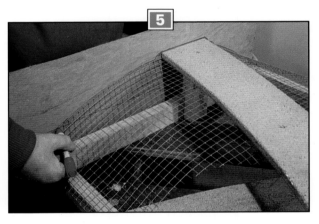

5 *Usando la malla como guía, se sujeta un trozo de aglomerado al bastidor y se dibuja en él el perfil deseado.*

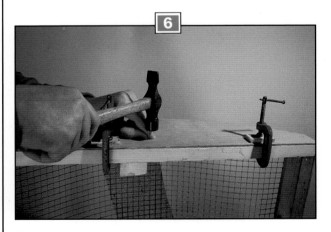

6 *Después se corta el aglomerado siguiendo el perfil y luego se pega al bastidor. Se sujeta el aglomerado con abrazaderas y después se clava al bastidor con unos clavitos.*

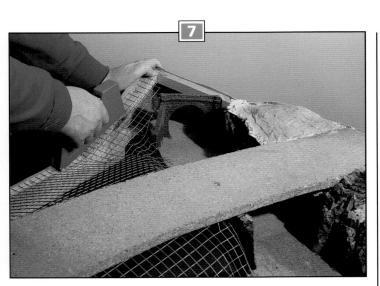

7 Una vez colocados estos laterales perfilados, se grapa la malla sobrante al bastidor. Si es necesario se pegan algunos listones de 2,5 x 2,5cm en las caras interiores del perfil de aglomerado para poder clavar la malla.

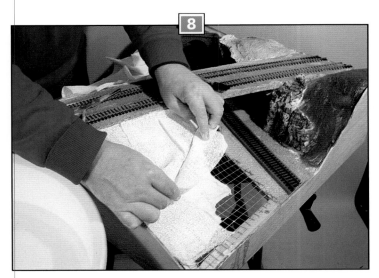

8 Luego se cogen unas tiras de gasa empapadas en yeso blanco y se colocan sobre la malla de alambre. Debe apretarse bien en los bordes para que luego no se despegue. La colocación del balasto de la vía se describe en la página 39.

9 Una vez que se ha cubierto toda la malla, hay que dejar que se seque el trazado para que se endurezca. El resultado final es una base escénica sólida pero bastante ligera.

— COMO CREAR ROCAS REALISTAS —

Se puede hacer de diferentes modos, pero puede que no se consigan los resultados y el efecto deseados. Una de las formas más simples de crear una roca comienza con una vuelta por una floristería y una pregunta, «¿Tiene corteza de corcho?» Escoja un trozo del tamaño que desee, no tiene por qué ser exacto, ya que se puede cortar, limar o incluso romper en otras formas o tamaños si es necesario.

Después de preparar la base escénica, decida la zona en la que va a poner la roca y escoja un trozo de corcho que encaje en ese espacio. Recorte la base escénica para colocar el corcho —los huecos pueden rellenarse con yeso o liquen (véase la secuencia paso a paso en página 28).

No sea intransigente a la hora de buscar los materiales. La base para una roca no tiene por qué ser otra roca —sencillamente suelen ser muy grandes para usarlas. Un material que consigue muy buenos resultados es el carbón. Escoja algunos trozos que tengan la textura y forma adecuadas, haga un molde con ellos y podrá utilizarlo una y otra vez, disponiendo así indefinidamente de material rocoso escénico. Así es como se hace.

Escoja una media docena de trozos de carbón, después limpie los trozos sueltos y el polvo con un cepillo duro. Rocíe las superficies con aerosol de limpiar muebles para evitar que el molde se pegue. Pinte el carbón preparado con cola de disolución de

ARRIBA

Esta escena europea de montaña a escala N presenta algunos efectos excelentes tanto en la utilización de rocas como en los puentes que unen las vías que cruzan el tablero abierto.

goma y, mientras está fresca, coloque tiras de tela de estopilla o de muselina, ya pintadas con cola, sobre el carbón. Déle a todo otra buena capa de cola. Después, coloque más tiras de tela sobre la cola, esta vez en ángulos rectos con las de la primera capa, y ponga otra mano de cola. Déjelo secar. Cuando se haya secado del todo, despegue con cuidado el molde del carbón.

Otros materiales adecuados para las tiras además de la estopilla y la muselina son la tela de cortinas, la gasa de escayola o cualquier otro material que sea fino y se vuelva muy flexible cuando esté húmedo para que se pegue perfectamente a las formas y forme un molde exacto.

La cola de solución de goma, al aplicarla la primera vez, se asienta bien en las superficies horizontales, pero tiende a resbalar de las superficies verticales o con ángulos, así que cuando ponga las tiras de tela, píntelas por ambos lados con bastante cola para estas zonas. Asegúrese también de que las tiras siguen bien los contornos, encajando perfectamente en todos los huecos.

Procure que no haya burbujas debajo de la tela, estropearían el efecto, así que corte el material en tiras anchas de 5cm y cuando las coloque sobre el carbón, solápelas un poco. Compruebe que cada tira está bien humedecida con cola y que toda ella está en contacto con el carbón antes de aplicar la segunda capa de tiras. La segunda capa se coloca en ángulos rectos con la primera para conseguir un molde fuerte que no se parta.

Podrá saber cuándo está seco el molde porque la cola cambia de color de un blanco níveo a un tono traslúcido, como una goma. El tiempo que tarde en secar dependerá de la temperatura, humedad y cantidad de movimiento de aire que haya, pero durante el verano, será suficiente con dejarlo una noche.

Ahora a fabricar rocas de yeso. Obviamente, si pone muchas rocas de yeso en su trazado, éste será pesado, así que es mejor utilizar una combinación de tela y yeso blanco para conseguir una construcción ligera pero fuerte. Puede utilizar vendas de gasa en lugar de la estopilla. Coloque los

DERECHA

La esquina de esta cantera tiene en realidad unos pocos centímetros de profundidad, pero el modelado en relieve y la pintura son tan reales y están tan perfectamente a escala con el material rodante, que resulta verdaderamente convincente.

DERECHA

Estas rocas se fabricaron utilizando un molde realizado con un trozo de carbón, el resultado es muy bueno.

CONSEJOS UTILES

Para asegurar la malla metálica al armazón de madera puede utilizar tanto una pistola grapadora como una pistola de cola caliente.

Cuando utilice vendas de escayola, coloque las tiras con cuidado pero asegúrese de que se mezclan con cada capa.

Cuando pegue poliestireno, utilice la cola correcta o acabará en desastre.

Una perfectamente las representaciones de roca a la base utilizando una mezcla de yeso —no deje feos huecos debajo de las rocas.

Ponga un cuidado especial al dar forma o recortar los bloques de poliestireno para crear la estructura básica de colinas y valles.

moldes con la parte abierta hacia arriba y corte tiras de venda de 2,5cm de ancho y sólo lo bastante largas para forrar los moldes. Prepare una masilla de yeso añadiendo suficiente yeso en un cuenco de agua hasta conseguir una mezcla poco sólida —no muy espesa o secará demasiado rápido. Vierta un poco en el molde, apretando y moviéndolo hasta que se cubra toda la superficie interna del molde con una fina capa de yeso. Luego moje las tiras de venda en el yeso sobrante y colóquelas en el molde. Hay que hacerlo rápidamente porque el yeso empieza a tirar en unos tres minutos.

Transcurridos cinco minutos podrá sacar sin peligro la roca del molde tirando de las vendas. Quedará reproducido cada detalle del trozo de carbón, pero ya no será pesado. Luego pueden cortarse las molduras en la forma deseada y se pueden hacer grietas doblándolas. Las tiras de venda evitarán que las partes se separen completamente, lo que le dará a las grietas un aspecto muy natural.

También es posible reproducir rocas fielmente extendiendo yeso sobre una superficie y luego dándole forma con una espátula y un cuchillo, pero el método del molde de goma es más fácil y normalmente más realista. También es muy rápido. Aunque puede llevarle una tarde fabricar una serie de moldes de goma, al día siguiente puede montar una cadena de producción, teniendo rocas listas para sacarlas de sus moldes cada cinco minutos. También puede cambiar la forma de las rocas fabricadas, hacerlas planas o curvadas, según el trazado. Puesto que los moldes son de goma, se pueden doblar según se desee y tenerlos así durante los pocos minutos del secado. De este modo, se pueden conseguir rocas de formas extrañas que ajusten en los lugares más recónditos; incluso puede romper o doblar las mismas rocas, con lo que podrá conseguir prácticamente las formas que quiera.

ABAJO
Utilizando bien una pared de roca hecha de yeso moldeado se ha conseguido un fondo realista para este trazado americano a escala N.

AÑADIR COLOR

Una vez construido un buen tablero y colocada la decoración básica, ha llegado el momento de añadirle color y hacer que el trazado parezca más real.

Las pinturas en polvo son ideales para pintar las superficies rocosas que aparecían en el capítulo anterior. Si pintamos primero con un color marrón rojizo muy acuoso y luego vamos añadiendo otras capas, podremos conseguir el color de forma gradual y alterarlo en el proceso, en lugar de descubrir que el color inicial es muy intenso para el efecto deseado. Con unas manos de pintura verde o negra todavía más diluidas en algunos sitios, se logrará un efecto muy real. Suena algo chapucero, pero sorprendentemente, los mejores resultados se consiguen echando una buena cantidad de pintura sobre el yeso y dejando que escurra hacia donde quiera. En algunos sitios forma charcos en una superficie horizontal y da una coloración intensa, mientras que otras zonas sólo adquieren un suave tono. Un consejo útil para la pintura negra o verde es mojar un pequeño pincel en la pintura y aplicarlo en un punto para que gotee del pincel, formando una línea desigual de color. Será una zona en la que un torrente de agua ha permitido el crecimiento de musgo y liquen. Esa desigualdad añade textura y realismo a la superficie.

Los dos tableros construidos en los últimos capítulos serán pintados ahora de dos formas diferentes. El primer método utiliza rollos de césped artificial y el segundo pinturas y serrín sobre la base de yeso. Se puede conseguir casi el mismo efecto utilizando ambas técnicas. El rollo de césped es lo más sencillo, pero sobre una base de yeso usted tiene la opción de añadir una gama más amplia de colores —así que puede crear el paisaje que desee.

— CESPED ARTIFICIAL —

1 El material escénico más sencillo es el césped artificial. Lo hay de diferentes formas y texturas.

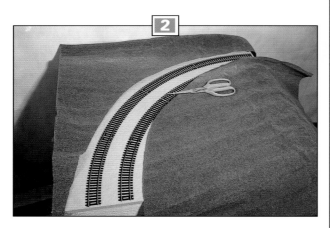

2 Se recorta el rollo de césped hasta que tenga aproximadamente la forma del tablero o, en este caso, la zona que se va a cubrir a cada lado de las vías.

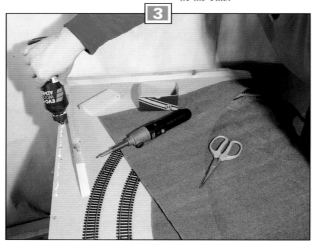

3 Para darle una forma realista, se pegan y atornillan unos listones de 2,5 × 2,5cm a los bordes exteriores del tablero.

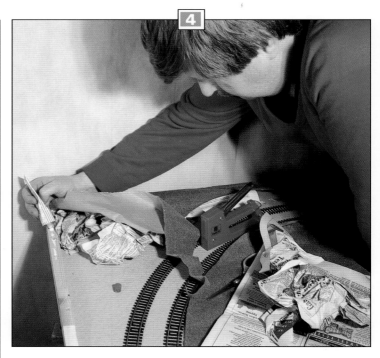

4 Empleando cola de solución de goma, se pegan los bordes del rollo a los listones en una esquina y se deja secar. Luego se mete con cuidado un poco de papel de periódico arrugado debajo del césped. Se siguen pegando los bordes del rollo según se va consiguiendo la forma deseada.

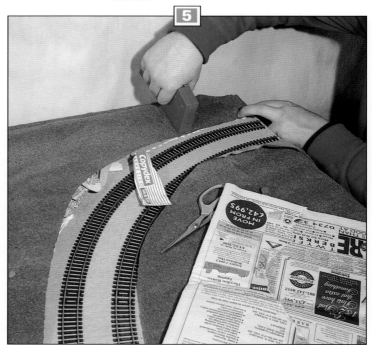

5 Cuando se ha logrado la forma adecuada, se puede pegar el borde de rollo más próximo a la vía, luego se grapa.

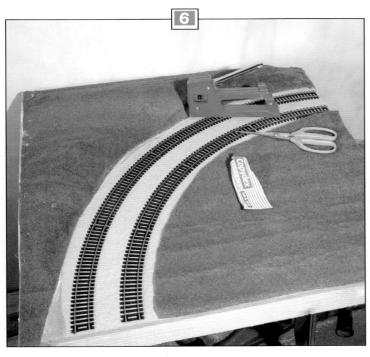

6 Después de añadirle un poco de forma y color, un simple juego de tren empieza a convertirse en una maqueta.

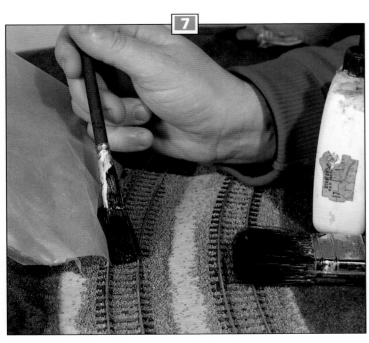

7 Después viene la colocación del balasto en la doble vía. Inicialmente se echa el material del balasto a lo largo de las vías y se extiende uniformemente con un pincel, dejando una separación entre las dos vías y en los extremos.

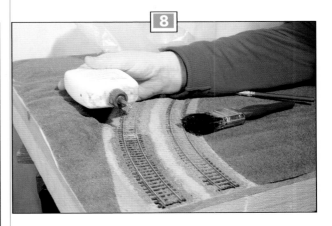

8 Luego se echa uniformemente una mezcla a partes iguales de cola para madera y agua, además de unas gotas de lavavajillas, sobre el balasto para que quede fijo.

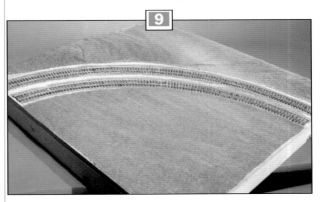

9 El decorado básico ha cambiado bastante desde que era un simple tablero con unas vías clavadas.

10 Para rematar los bordes, se añaden unas láminas finas de contrachapado, recortadas siguiendo el perfil de los bordes del tablero. Se pegan y clavan a cada lado como antes. Luego se pueden pintar o colorear como se desee.

—= COLOREADO DIVERSO =—

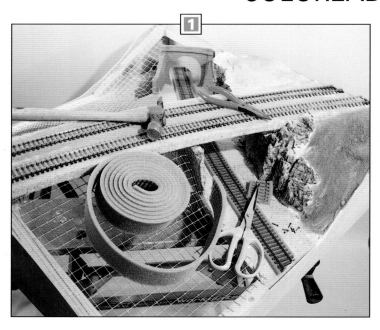

1 *Ahora veremos otra técnica para el balasto, esta vez en la vía inferior. Se utiliza una base de espuma comercial, que hace más fácil la colocación de la vía y además consigue que el funcionamiento de los trenes sea más silencioso. Para colocar el balasto utilizando esta espuma, coloque una tira de espuma debajo de la vía y sujétela en su sitio mientras clava la vía.*

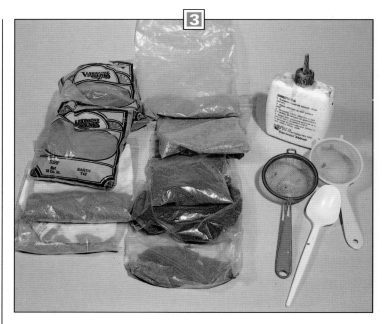

3 *Si observa cualquier escena en la naturaleza, verá que está compuesta por una gama increíblemente amplia de colores y tonos. Así pues, es imprescindible partir de una buena selección de serrín de diversos colores. Los coladores y la mezcla de cola para madera y agua (véase página 39) son para su aplicación.*

2 *Al final del capítulo anterior se consiguió una base escénica de yeso blanco. Ahora lo primero es tapar lo blanco, por lo que se añade pintura verde en aerosol como base. Antes de hacer esto hay que recubrir de yeso el poliestireno, porque si no la pintura lo disolvería —a no ser que pretenda hacer cuevas.*

4 *La zona a colorear se pinta a discreción con la mezcla de cola y agua.*

5 Un colador está lleno de serrín grueso para formar una buena base que empape la mezcla de cola cuando se añadan las siguientes capas. El otro contiene colores claros —una mezcla de varios de ellos consigue las variaciones que se ven en la naturaleza.

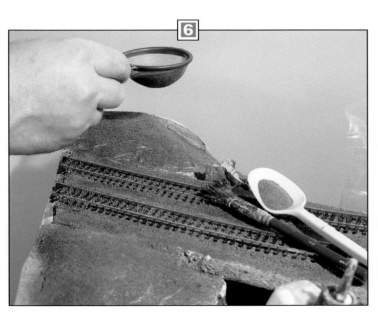

6 Se esparcen los colores claros sobre la base de copos gruesos una vez que esté seca. Para separar las líneas de balasto se utiliza serrín marrón de color arena. Fije el balasto como antes (véase página 39), con la mezcla de cola y agua. Antes de que se seque, coja una cucharada de serrín y, dándole golpecitos, espárzalo cubriendo el espacio entre las vías.

7 Del mismo modo, cuando se coloca una vía sobre base de espuma, las zonas que hay entre las vías y el paisaje tienen que rellenarse. La técnica utilizada en el último paso logra un bello resultado.

8 La zona de hierba es tratada del mismo modo que la ladera que rodea la roca, se utiliza una mezcla de verdes.

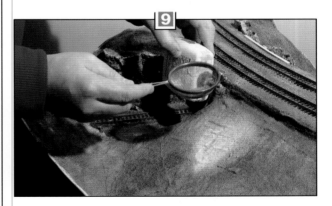

9 La textura se consigue añadiendo una segunda y tercera capa de serrín a la zona de hierba. Antes de esparcir cada capa, se cubre la zona con la mezcla de cola y agua.

ACABADO DE ZONAS ROCOSAS

1 *Para completar la zona rocosa del lado de la vía opuesto a la pared rocosa, se rompen unos trozos de corteza de corcho y se pegan a la superficie con cola para madera. Los huecos que quedan entre las rocas y el suelo se cubren con varias capas de material de serrín hasta que las dos superficies quedan unidas.*

2 *La única forma de mejorar una vía comprada después de colocarla y ponerle el balasto es pintar los laterales de los brillantes raíles de un color oxidado, mucho más convincente. Se trata de una tarea que lleva mucho tiempo y es complicada, pero el resultado final merece la pena. Se ha pegado un trozo de borde de plataforma a escala N. La piedra abrasiva que se ve en la foto se utiliza para limpiar la pintura y la cola que caiga sobre los raíles.*

DERECHA

Nada más impresionante que una gran curva con un tren de vivos colores atravesando un espacio abierto —especialmente cuando el paisaje está recreado con tanta delicadeza como éste.

La escarpada colina se construyó utilizando el método de malla metálica y vendas de escayola descrito antes, consiguiendo un fondo llamativo para esta estación término. Obsérvense las variaciones de color y textura, muy parecidas a la realidad.

CONSEJOS UTILES

No realice un paisaje innecesariamente complicado si puede lograr el mismo efecto con uno sencillo.

Cuando simule hierba verde, estudie bien la naturaleza y verá que está formada por una combinación de muchos colores.

Cubra el suelo con varias aplicaciones de polvos de serrín color suelo, añadiendo cola en cada capa.

Añada varias gotas de lavavajillas en la mezcla de agua y cola al 50% utilizada para fijar el balasto, de este modo la cola se extenderá fácilmente.

Elimine el brillo de los raíles nuevos pintándolos con un color óxido realista.

Esta línea secundaria rural corre por encima de un terraplén, lo que permite incorporar puentes y carreteras.

= FOLLAJE DE SUELO Y ARBOLES =

1 El follaje del suelo se hace cortando un trozo adecuado de liquen en la forma correcta para después pegarlo en su sitio. Se puede comprar cualquier tipo de árbol y «plantarlos» es muy sencillo. Simplemente haga un agujero algo más pequeño que el diámetro del tronco del árbol, eche una poca cola sobre el extremo del tronco y métalo en el agujero.

3 Esta es la base escénica terminada, con plantas y elementos paisajísticos básicos. El siguiente paso es añadir los detalles escénicos.

2 El tablero ha sido dividido en dos paisajes diferentes para mostrar diferentes escenarios. Este lado tiene campos verdes y ondulados con árboles caducifolios que se han añadido del mismo modo que los pinos del otro lado.

4 Incluso antes de añadir más detalles, al colocar algo de material sobre las vías queda patente que ya tenemos un pequeño ferrocarril para disfrutar.

DERECHA

Es importante tener un propósito, algo que queda demostrado en esta escena del ferrocarril de Wingfoot y Western del doctor Charles Patti, en la que vemos una locomotora con calesín tirando de un vagón abierto bajo el volquete.

ABAJO

Las vías aquí están en un solo nivel, mientras que se ha construido un río y unos suaves terraplenes que bajan hasta él, formando una escena muy agradable.

DETALLES ESCENICOS

IZQUIERDA

Las rocas del primer plano se han combinado cuidadosamente con una escena de fondo pintada que hace más convincente la vista general. Obsérvese también lo bien que se ha ocultado la curva del extremo del trazado con árboles y cómo se ha utilizado liquen para simular los arbustos.

Una vez conseguida una buena base escénica, lo que realmente da vida al trazado son los detalles escénicos. De hecho, es una de las áreas de modelismo en las que uno se puede lucir —trabajando sólo con la imaginación o inspirándose en la vida diaria. Haga un viaje a un pueblo, una ciudad o al campo con un cuaderno y una cámara (preferiblemente con carrete en color) y registre lo que ve. Observe cómo se congregan los animales de granja en los campos, cómo están agrupados los edificios y fíjese en los diferentes diseños arquitectónicos. Preste atención al envejecimiento y a la acción del clima, para que cuando reproduzca su versión de la realidad parezca auténtica tanto en estructura como en textura. No sólo nos referimos a los edificios; es aplicable a todo, incluyendo vehículos, señales, arbustos, vallas y árboles —cada cosa envejece de forma distinta. En este capítulo hay algunos buenos ejemplos de esos detalles, además de algunas escenas de maquetas. Siga las sencillas instrucciones paso a paso sobre las técnicas que necesita para conseguir magníficos detalles.

═ SETOS Y MUROS ═

Las que aquí vemos no parecen cosas apropia- das para material escénico pero, de hecho, son excelentes. Ya sabe lo buena que resulta la cor- teza de corcho para representar rocas y el liquen para el follaje del suelo, pero ¿un cepillo de escoba y un estropajo? Siga leyendo.

El liquen es el material más sencillo de utilizar. Para hacer setos, se recortan algunos trozos y se les da forma, luego se extiende cola de madera donde vayamos a colocar el seto y se coloca presionando el liquen sobre la cola.

1 Para realizar muros de piedra, se corta el estropajo en tiras de unos 5mm de ancho, cortando por la parte más larga.

2 En un plato viejo, se mezclan agua y cola en cantidades iguales. Luego, sujetando los clips enganchados a los extremos de cada tira, se mojan éstas en la mezcla de cola.

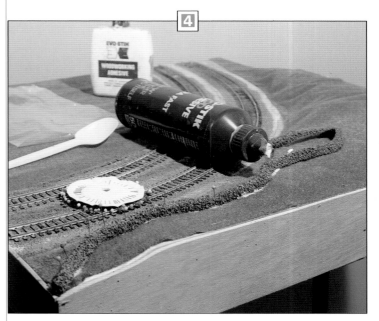

3 *Se extiende un poco del balasto de granito sobre una hoja de papel y se pasan por encima
las tiras empapadas en cola, luego se cuelgan
para que se sequen. A veces se necesita una
segunda capa de cola y de balasto para cubrir
completamente el estropajo.*

4 *El muro terminado se pega en su sitio. Unos
clavitos insertados a intervalos mantendrán el
muro derecho mientras se seca la cola.*

5 *Una vez seca la cola, se quitan los clavitos del
muro. El seto de liquen puede añadirse mientras se seca el muro. Aquí se ha alternado el
seto con el muro para dividir la escena.*

— ═ TRIGAL Y CULTIVOS DE TUBÉRCULOS ═ —

TRIGAL

1 ¿Quiere añadir un trigal? Se tardó dos semanas en crear este campo tan real, pero el resultado mereció la pena.

2 ¿Cómo se hizo? Imagine que el material verde es la parte de la base escénica en la que irá el trigal. Se extiende un poco de cola de madera sobre la zona y, cuando queda pegajosa, se presionan las cerdas del cepillo contra la cola y se sujeta el cepillo para que quede recto. Se deja al menos 24 horas para que seque totalmente. Cuando esté seco, se pueden cortar las cerdas a la longitud deseada. Se puede preparar una zona de unos 5cm cuadrados cada vez, hasta lograr la superficie de campo que necesitemos.

CONSEJOS UTILES

Busque artículos cotidianos que pueda utilizar para representar cosas reales en miniatura —como las cerdas de un cepillo de escoba para un trigal.

Cuando ponga ganado en los campos, observe cómo se agrupan las ovejas y las vacas en diferentes momentos del día.

Utilice diferentes materiales para el perímetro del ferrocarril. Puede utilizar vallas, setos, árboles o muros para hacer más interesante su trazado.

Utilice la cola apropiada para cada material —la madera, el plástico y los materiales metálicos tienen sus correspondientes adhesivos.

CULTIVOS DE TUBERCULOS

1

1 Unas hileras de cultivos de tubérculos añaden
siempre interés a cualquier escena campestre
y son fáciles de hacer.

2

3

2 Se colorea un trozo de cartón ondulado del
color de la tierra que lo rodea. El color de la
tierra varía en diferentes partes del mundo
—aquí el cartón se ha dejado con su color original. Se extiende cola en líneas siguiendo las
«ondulaciones» del cartón.

3 Se extiende algo de serrín del grado y color
apropiados sobre una hoja de papel, luego se
pasa suavemente el cartón sobre el serrín.
Al levantarlo, se elimina lo que sobre con
unos golpecitos. Se deja secar y luego puede
cortarse y pegarse en el campo sobre la base
escénica.

DECORACION CON AGUA

El agua contribuye enormemente a que cualquier trazado resulte realmente llamativo. Incluso desde los primeros días de los ferrocarriles, siempre ha existido una fuerte conexión entre el tren y los canales y ríos. La competencia entre los dos tipos de transporte causó conflictos, pero fueron los cursos naturales de las principales vías fluviales lo que los ferrocarriles utilizaron como guía para construir sus líneas. La próxima vez que salga, compruebe la frecuencia con que los ferrocarriles y las vías fluviales están interconectados.

Aunque los elementos con agua que aparecen en los trazados suelen hacerse de resina de modelado o láminas de plástico, para las que más adelante habrá instrucciones paso a paso, empezaremos con el agua real. Dave Rowe, creador de muchos y magníficos dioramas, en los que ha incorporado elementos con agua real, nos revela algunas de sus técnicas secretas.

CONSTRUCCION DE UN ESTANQUE

Los estanques de agua dulce alegran zonas del trazado. Las instrucciones paso a paso son para dos técnicas diferentes usadas para insertar estanques en el trazado básico conseguido en los capítulos anteriores.

Las dos técnicas utilizadas en este capítulo para simular agua precisan los materiales mostrados aquí. A la izquierda hay una hoja de plástico ondulado y un papel del color apropiado, mientras que a la derecha está la resina líquida clara, además de endurecedor, medida y equipo para mezclar.

CONSEJOS UTILES

Cuando eche resina para representar agua, asegúrese de que la base está completamente sellada.

Antes de que siente la resina debe añadir unas cerdas de cepillo para representar hierbajos o juncos.

Si utiliza agua real, procure que nunca esté en contacto con ninguna parte eléctrica del trazado.

Puede utilizar resina clara para simular un charco de agua después de un chaparrón.

Pruebe a representar peces usando tiras de papel de plata dentro de agua de resina o agua real.

PRIMER METODO

1 Se recortan el tablero y el césped artificial con la forma del estanque.

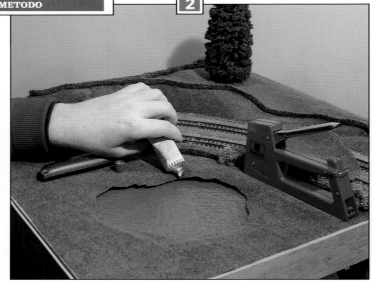

2 Se colocan el plástico ondulado y el papel debajo del agujero y se utiliza una pistola de grapas para clavarlos a la parte posterior del tablero. Luego se pega el borde del césped a la superficie del estanque.

SEGUNDO METODO

1 *Para lograr una representación más realista de un estanque, se hace primero una «base inferior». Se dibuja la zona del estanque en un retazo del material del tablero y luego se pegan granos de arena y serrín encima.*

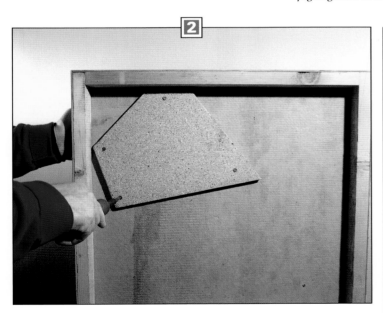

2 *Luego se coloca la base inferior debajo del agujero realizado en el tablero y se atornilla, añadiendo primero un sello de silicona (como el utilizado en los baños) alrededor de los márgenes de la base inferior. Esto evitará que más tarde se escape la resina líquida.*

3 *Se pegan los bordes del césped artificial al fondo del estanque, y se recubre la junta con una capa de serrín.*

4 La resina líquida se prepara siguiendo las instrucciones del fabricante y se deja que se siente unos minutos antes de echarla en el estanque. Se extiende cuidadosamente sobre el fondo del estanque hasta que se logra una capa uniforme.

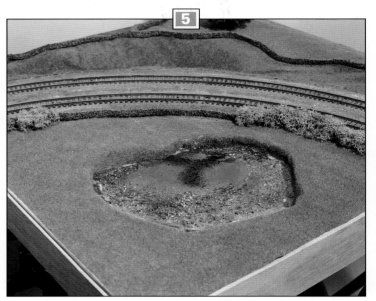

5 Hay que añadir varias capas para lograr la profundidad que se ve en la foto, dejando secar cada capa antes de añadir la siguiente.

DERECHA

Para conseguir este maravilloso canal, se han echado varias capas de resina clara de poliéster sobre una base pintada y sellada. La capa superior ha sido «dragada» mientras se secaba para conseguir el efecto de ondas en el agua.

Esta escena marítima tiene una línea principal que atraviesa un dique y la vía corre sobre un puente de caballetes de madera.

La resina líquida utilizada en este estanque refleja la luz y baña sus orillas muy convincentemente.

Estas aguas tranquilas y ondulantes se consiguen utilizando resina líquida.

— OTROS EFECTOS CON AGUA —

Ahora veremos algunas técnicas que consiguen representaciones muy eficaces del agua —incluso del mar.

Se pueden modelar zonas de mar muy convincentes utilizando el revestimiento que emplean los decoradores para dar textura a paredes y techos. Debido a su consistencia, mantiene su forma y queda en relieve sobre el tablero, como cuando cuelga del techo. Además tiene la ventaja de que una vez está seco, es duro como una piedra.

Se mezcla la cantidad necesaria (siga las instrucciones del fabricante) y se extiende en una capa de unos 6mm de espesor sobre la zona que va a ser el mar. Una toalla resulta ideal para empezar a extenderla. Se pueden utilizar diferentes herramientas para la siguiente parte del proceso, pero lo mejor es una brocha de 4cm de ancho. Se introduce

la brocha en el revestimiento, se arrastra hacia nosotros y se levanta, en la dirección en la que soplaría el viento. Se consigue así una ola que mantendrá su forma. Se continúa con este proceso por todo el «agua» hasta que la zona está llena de olas. Las olas deben ser de un tamaño que coincida con la escala de la maqueta.

La coloración del «mar» una vez que está seco es cuestión de interpretación individual de la escena y de observación personal del mar real. Un mar agitado en un día triste de invierno necesitará diferentes mezclas de verde mate, azul cielo y gris. Por supuesto, las crestas de las olas más grandes deben resaltarse con un blanco sucio que represente la espuma de olas rompiendo. Luego se puede pintar con barniz de esmalte para darle el brillo del mar real.

ABAJO

Esta escena de un mar agitado en invierno se ha creado utilizando el tipo de textura que puede verse en las paredes y techos de muchas casas.

— UNA ESCLUSA CON AGUA REAL —

Al utilizar agua real en cualquier trazado, su maqueta destacará al instante de las demás, pero es de vital importancia que el líquido no se salga. No debe haber ninguna gotera y por supuesto *ninguna* posibilidad de que moje los circuitos eléctricos. Hallar soluciones para este tipo de diseños puede ser complicado, pero los resultados merecen la pena.

Dave Rowe construyó una esclusa operativa en su diorama de un pozo de extracción de arena. Los barcos simplemente suben y bajan en la superficie del agua cuando ésta entra y sale de la esclusa. El principio que hay tras esta operación es sencillo pero muy eficaz. Los barcos están fabricados de plástico, como es normal, pero dentro de cada uno hay un tanque de flotación rectangular fabricado con una lámina de plata alemana de 0,4mm de espesor para asegurar que sean herméticos y floten en el agua.

El canal se llena y se vacía automáticamente, pero el sistema no utiliza válvulas ni bombas. Una vieja lata y un motor es todo lo que se necesita para la base del sistema. El diagrama muestra cómo funciona.

ARRIBA

La pieza central de este inusual diorama de Dave Rowe es la esclusa operativa. Las dos barcazas del canal suben y bajan por la esclusa cuando el agua entra y sale.

DERECHA

Una esclusa con agua real. Se reduce la velocidad del motor (A) de un viejo tocadiscos de 78 rpm para que dé vueltas al eje (B) una vez cada tres minutos. La lata (C) queda suspendida del brazo (D) y puede pivotar en el cojinete (E). El tubo de goma (F) conecta la lata con la esclusa (G). Cuando la lata está por debajo del nivel de la esclusa, el agua fluye hacia la lata y cuando la lata sube de nuevo el agua vuelve a la esclusa.

SISTEMA DE ESCLUSA OPERATIVA

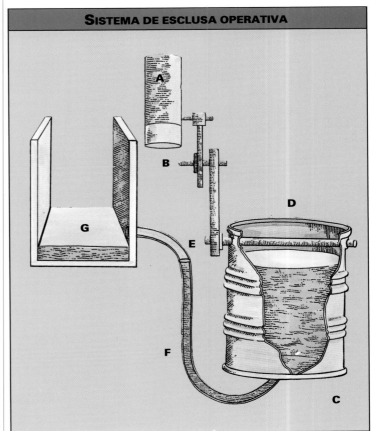

MONTAJE DE KITS DE PLASTICO

IZQUIERDA

Aquí vemos una estación de mercancías que incluye un gran número de vagones de plástico transportando diferentes cargas. El detalle es de la mejor calidad.

Los primeros pasos que da un modelista para crear sus propios modelos, en lugar de comprarlos ya fabricados, pueden ir por diferentes caminos. Los modelos pueden ser simples edificios o vagones para un tren de mercancías. Este último proyecto es sin duda el más interesante para un aficionado a los ferrocarriles ya que puede crear su propio tren, que finalmente hará funcionar y que podrá operar sabiendo que lo construyó él mismo. Cuando empiece su carrera en el modelismo de trenes, es necesario comprar material ya listo para rodar y así poder construir trenes lo bastante largos, pero obviamente se parecerán a los de otros. Si decide construir su propio material rodante tendrá la oportunidad de crear modelos realmente personales. Parece pues apropiado empezar con un kit sencillo para un vagón cisterna americano.

— KIT DE VAGON YA PINTADO —

1 *Estos son los componentes básicos del kit: los pasamanos prefabricados, piezas del chasis, bogies y partes de la cisterna.*

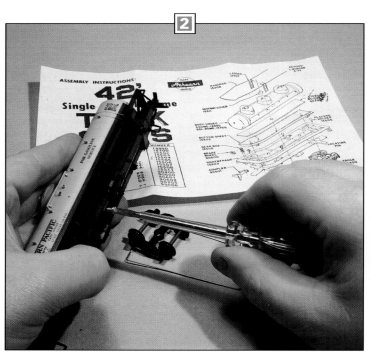

2 *Se coloca el peso de metal dentro de las dos mitades de la cisterna, se alinean éstas, se sujeta el chasis debajo y luego se atornilla todo.*

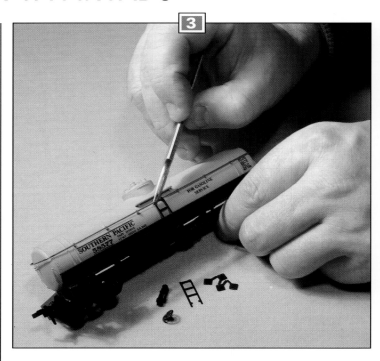

3 *Un tornillo asegura cada bogie al chasis y se coloca la parte inferior de las escaleras en las ranuras del chasis que hay a cada lado. Los pasamanos encajan en los laterales de la cisterna y los extremos se meten en los agujeros de la parte superior de las escaleras, asegurándolas al tanque.*

4 *La manivela del freno se mete simplemente en la ranura para completar el vagón.*

— KIT DE VAGON SIN PINTAR —

Utilice un bote de pegamento que disponga de un tubo capilar —le permitirá un acceso fácil a las juntas.

Cuando emplee superpegamentos ponga siempre una pequeña cantidad en un trozo de papel y luego aplique el pegamento con un palillo.

Cualquier pieza de plástico que esté doblada puede dejarse recta metiéndola en agua caliente.

Lave siempre las partes de plástico antes de pegarlas, ya que estarán cubiertas del agente liberador utilizado en los moldes.

Cuando pegue varias partes juntas, déjelas secar durante al menos ocho horas entre cada operación.

DERECHA

Estos vagones americanos, realizados con kits de plástico, han pasado por un proceso de envejecimiento, ya que los originales no debían estar muy limpios.

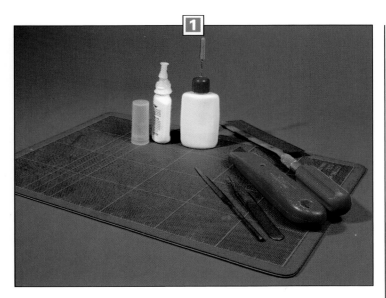

1 Las herramientas y materiales básicos para fabricar este vagón son sencillos: una alfombrilla de goma, que proporciona una buena base para cortar, una pequeña sierra de modelista, cutter, una pequeña lima fuerte, pinzas y pegamentos. El pegamento básico es el pegamento para plástico, en un bote con dispensador capilar, y el segundo es un superpegamento especial para plástico. Trabaje en una habitación bien ventilada.

2 Los componentes del kit incluyen piezas perfectas modeladas a inyección, con todos los detalles de los remaches, además de unas chapitas de latón fotograbado para los detalles. Una vez completo, el resultado es el vagón de la parte superior.

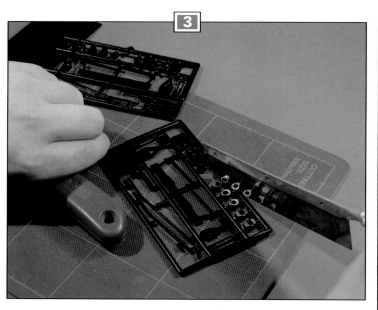

3 Utilizando una sierra de modelista se separan cuidadosamente las piezas de la percha, apoyándose en la alfombrilla de goma.

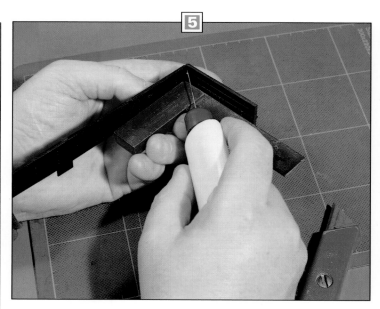

5 Se sujetan un lateral y un extremo contra una escuadra para que queden correctamente alineados y se pegan por la parte interior de la junta con pegamento para plástico. Luego se repite el proceso para las otras tres esquinas.

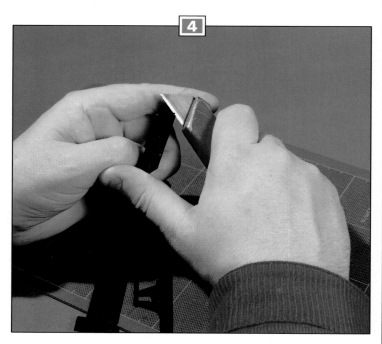

4 Cuando se han separado las partes, siempre quedan restos de plástico que habrá que cortar con cuidado utilizando un cutter.

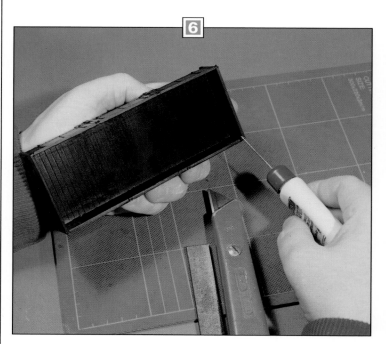

6 Cuando el pegamento está completamente seco, se pegan los laterales al suelo.

7 Los bastidores laterales, protecciones de ejes y cajas de ejes se separan como antes. Se pegan los cojinetes y se ensamblan las cajas de ejes para acoplarlas a los bastidores laterales. El pegamento debe ser aplicado con precisión porque estas partes deben subir y bajar. También se pegan en su sitio la palanca del freno y el colgador en forma de uve.

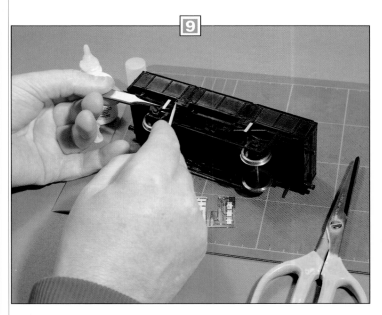

9 El superpegamento se utiliza para pegar las piezas de latón fotograbado en el cuerpo de plástico. La técnica para utilizarlo es poner una pequeña cantidad de pegamento en un trozo de cartón y luego utilizar un palillo para aplicarlo en la zona. Luego se coloca la pieza sobre el pegamento y se presiona sujetándola durante unos segundos mientras se seca.

8 Uno de los bastidores laterales se pega en la parte principal del vagón y se deja secar. Se colocan los pares de ruedas en el bastidor lateral pegado y se pone el otro bastidor en el otro lado, sujetando las ruedas en su sitio. Una vez que esté todo cuadrado, se pega el segundo bastidor lateral.

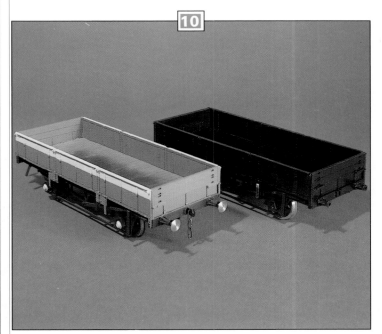

10 A la derecha vemos un vagón acabado, listo para pintar. A la izquierda está el vagón una vez pintado y rematado con topes metálicos de muelles.

MONTAJE DE KITS METALICOS

Aquí podemos ver una estación de mercancías de principios de siglo llena de vagones construidos con kits metálicos.

Aunque es posible pegar los kits de metal, es mucho mejor soldarlos. La soldadura tiene la gran ventaja de que se puede quitar fácilmente. Si una de las partes no está bien alineada o un ángulo no es lo bastante recto, aplicando un poco de calor puede mover las partes a su posición correcta o quitarlas, limpiarlas y soldarlas de nuevo. Con los pegamentos no hay opciones tan sencillas.

Las instrucciones paso a paso de este capítulo son para un kit de latón y muestran las técnicas de montaje utilizadas con los kits metálicos. Este kit tiene una serie de piezas de metal blanco, por lo que se muestran dos métodos para soldar el metal. El kit es básico si tenemos en cuenta el número de piezas que tiene, pero hay que doblar y dar forma a algunas de ellas, creando un vehículo interesante una vez finalizado.

ARRIBA

La delicada selección de vagones es una mezcla de kits de latón fotograbado (en primer plano) y otros de metal blanco (al fondo).

DERECHA

Estos artículos caseros pueden no ser muy bonitos, pero son de un valor inestimable. La botella de fundente está sujeta a una base ancha para que no se vuelque, algo realmente fácil cuando con la otra mano está sujetando el modelo.

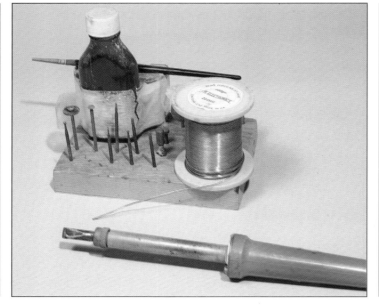

CONSEJOS UTILES

Cuando recorte las láminas metálicas, tenga cuidado de no deformar ninguno de los componentes.

Antes de soldar superficies metálicas, debe limpiarlas o no fluirá el soldador.

Utilice siempre una escuadra para comprobar que los elementos están rectos y verticales.

Durante la construcción puede comprobar que su estructura queda cuadrada colocándola sobre un trozo de cristal.

Al soldar metal blanco con latón, estañe primero el latón con soldador para metal blanco.

— = KIT DE VAGON METALICO = —

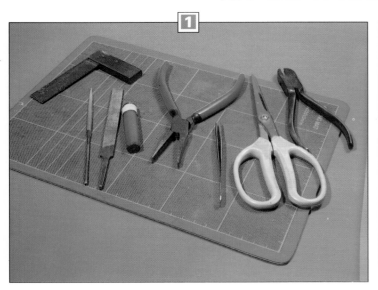

1 Las herramientas necesarias para construir kits de metal no tienen que ser muy especializadas al comienzo, aunque con el tiempo irá adquiriendo algunas herramientas que hacen el trabajo más fácil y rápido. Para empezar, sin embargo, todo lo que necesita es: una alfombrilla de goma, tijeras que corten metal, pinzas, limas finas de tamaño pequeño y medio, escuadra, barrita de fibra de vidrio y un buen par de alicates anchos.

3 Para separar las partes de la lámina puede hacerlo de varias formas, pero lo haga como lo haga, debe sujetar las partes que esté cortando y debe hacerlo con mucho cuidado. Las partes grandes del cuerpo se pueden quitar usando un par de tijeras para metal.

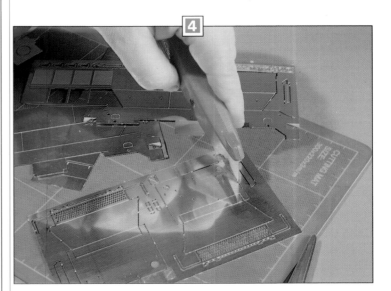

2 Los componentes del kit incluyen el cuerpo básico del vagón en latón fotograbado, piezas de metal blanco para las cajas de eje, palanca de freno y escaleras, además de ruedas, cojinetes y acoples. Cuando el kit está terminado y pintado, el resultado es el vehículo de la parte superior.

4 Las partes más pequeñas e inaccesibles se pueden guillotinar utilizando un cutter. Con la hoja sobre la alfombrilla de goma, se coloca el cutter con la punta delante de la lengüeta semifotograbada que vaya a cortar, luego apriete firmemente hacia abajo cortando la lengüeta. Hay que limpiar todos los bordes de las piezas de latón cortadas utilizando una lima fina de tamaño medio.

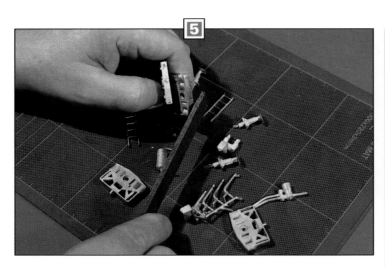

5 Después se limpian las piezas de metal blanco. Las protuberancias más grandes pueden cortarse primero con las tijeras, lijando luego con la lija más fuerte las demás imperfecciones. Al lijar metal blanco, eche primero unos polvos de talco sobre la lija, que ayudarán a evitar que el metal se pegue a la lima. Vuelva a aplicarlos de vez en cuando.

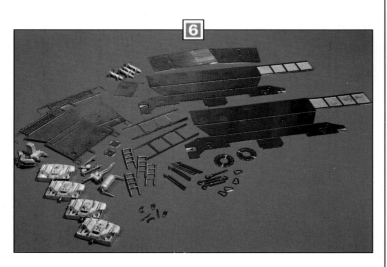

6 Aquí están todos los componentes, listos para ensamblarlos.

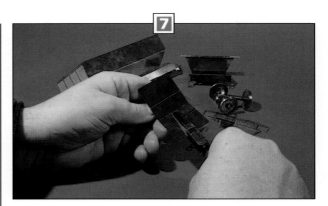

7 En esta etapa resulta útil tener la hoja de instrucciones y, si es posible, algunas fotografías de prototipos, ya que en el próximo paso se empiezan a doblar las piezas por las líneas grabadas. Para las formas sencillas se utilizan un par de alicates planos que sujetarán la parte que ha que ser doblada.

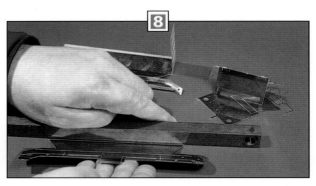

8 Cuando tenga que doblar las piezas más grandes (como los laterales del vagón), resulta muy útil disponer de una barra cuadrada de acero lo bastante larga como para sujetarla en ambos extremos con unas abrazaderas. Después se coloca una regla de acero debajo de la otra mitad de la pieza que haya que doblar y se levanta. Durante este proceso hay que sujetar el metal a ambos lados de la línea de dobladura.

9 Aquí están las piezas una vez dobladas en las formas necesarias.

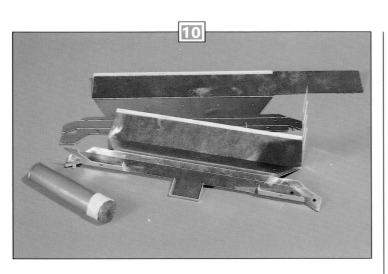

10 Una buena soldadura depende de unos bordes limpios. Por tanto, en esta etapa hay que preparar los bordes que van a ser soldados frotándolos con una barra de fibra de vidrio.

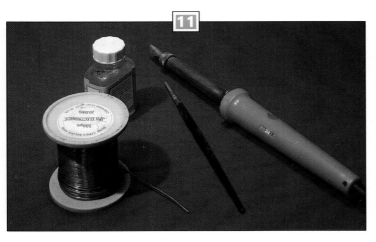

11 Los soldadores son herramientas simples, por lo que la elección del modelo y del voltaje es una cuestión de gusto personal. Un soldador de 100 vatios dará suficiente calor para fundir el estaño, extenderlo por la junta y quitarlo en muy poco tiempo. Sin embargo, existen modelistas que prefieren utilizar soldadores más pequeños y un estaño para menos temperatura, así que la elección depende de usted. También se necesita un buen fundente, que transfiere el calor, y un pequeño pincel para aplicarlo en la zona a soldar. Tiene que utilizarse con cuidado porque ataca las superficies metálicas.

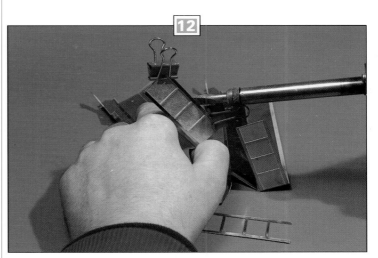

12 Lo primero es soldar la delicada cubierta del armazón a un extremo del lateral. Se sujetan los dos elementos con unos clips, comprobando varias veces su alineamiento (para evitar errores y la frustración de un mal acabado). Se pintan cuidadosamente los bordes con fundente, luego se funde una pequeña cantidad de estaño en la punta del soldador y se aplica en la junta. Cuando las partes metálicas estén frías se quitan los clips, luego se limpia la junta con una lima.

13 Cuando se esté soldando uno de los extremos a un lateral, se sujeta firmemente en posición y se aplican unos puntos de estaño en las partes superior e inferior de la junta para fijarla. Luego, cuando se haya comprobado que está cuadrada, se suelda toda la junta poniendo estaño desde un extremo hacia el centro, se deja enfriar y luego se repite desde el otro extremo hacia el centro y se deja enfriar.

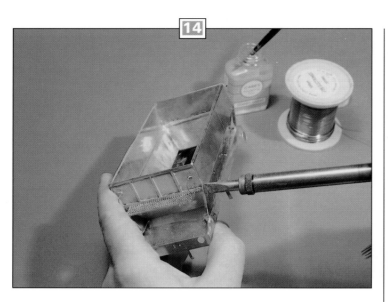

14 Luego se unen los pares de frontales y laterales, comprobándolos primero para asegurarse de que son perfectamente iguales. Para la junta ilustrada, se echa un poco de fundente dentro del vagón y se pasa el soldador, cargado con estaño fundido, por la parte exterior de la junta. El fundente hará que el estaño pase por la junta, rellenándola perfectamente. El estaño que sobre en la parte exterior puede limpiarse con una lima.

16 Para las piezas de metal blanco, se utilizan un soldador y estaño para menor temperatura, pero las técnicas para unir piezas son las mismas que antes. Se pintan con fundente las partes que se van a unir y luego se utiliza el soldador cargado, tocando el lado de latón de la junta para que el estaño fluya entre los dos metales. Luego se quita el soldador y se dejan enfriar las partes más tiempo que las juntas de latón con latón.

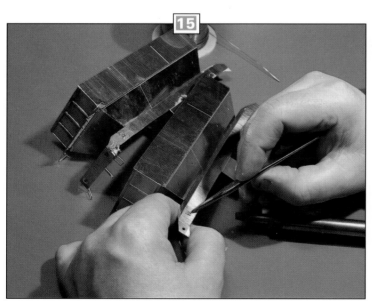

15 Los componentes de latón más pequeños se sueldan pintando primero con un poco de fundente la zona a la que se van a unir, luego se coloca la pieza sobre esa zona y se toca el fundente que queda alrededor de la pieza con el soldador para que el estaño se meta debajo de la pieza, asegurándola al cuerpo.

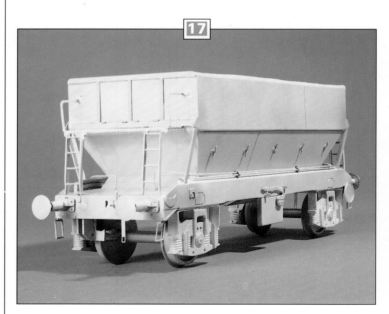

17 Aquí está el vagón completo, con todas las piezas de metal blanco en su sitio, listo para pintar.

Esto es lo último en construcción de vagones. Esta obra maestra a escala 0 la construyó el experto modelista Jim Whittaker. Cada una de las piezas está hecha a mano y la precisión es sorprendente —incluso los remaches.

Este furgón de latón está increíblemente detallado y todas las piezas están soldadas. Un acabado así sólo es posible cuando el modelo está hecho de latón. También es muy resistente.

PINTADO Y ENVEJECIMIENTO

IZQUIERDA

No sólo hay que envejecer el material rodante. Los edificios también necesitan este tratamiento para que hagan juego con la escena en general.

Por alguna razón, los modelistas suelen ser muy cautos a la hora de pintar. Así como las soldaduras son bastante sencillas cuando se realizan con el debido cuidado, la pintura también es un aspecto muy gratificante de este hobby. Si ocurre lo peor, siempre podemos quitar la pintura y empezar de nuevo.

Aunque a mucha gente le gusta aplicar la pintura con pincel, muy pocos pueden igualar la uniformidad del acabado que se consigue con un aerógrafo. Aunque se trata de un equipo caro, dura mucho y puede ser una buena inversión si piensa que, con la práctica, el resultado final es inigualable.

Los aerógrafos de doble acción le permiten controlar totalmente la mezcla de pintura y flujo de aire —se aprieta para el aire y se tira para la pintura. Se pueden utilizar compresores para disponer de aire continuo, pero también puede emplear latas de aire hasta que pueda comprarse esa pieza del equipo.

Al pulverizar, la habitación debe estar bien ventilada y debe ponerse una mascarilla para no inhalar demasiado vapor de pintura. Si pinta regularmente, sería aconsejable fabricar una cabina con un extractor.

Antes de pulverizar, debe limpiar escrupulosamente el modelo, o las huellas u otras marcas quedarán de diferente color, estropeando el acabado. Merece la pena dedicar algo de tiempo a esta tarea por la diferencia que se consigue en el modelo completo.

— = PINTADO DE UN KIT = —

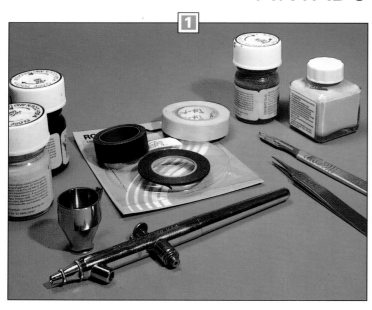

1 Estos son los materiales básicos que se utilizaron para pintar el vagón PGA que aparece en el Capítulo 8: un aerógrafo con su depósito, pinturas y disolventes, cinta enmascaradora de diferentes anchos, cinta de revestimiento y líquido para enmascarar, pinzas y escalpelo.

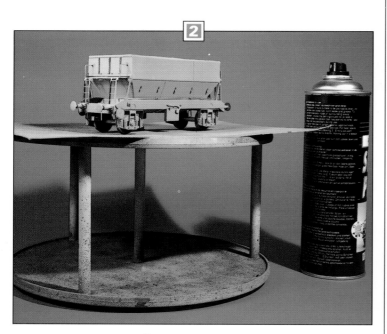

3 Una vez que el modelo esté totalmente limpio, después de haberle dado un buen baño, aclarado en agua jabonosa y dejado secar completamente, se aplica el imprimador. Puede utilizar las pinturas de aerosol que se emplean para imprimar la carrocería de los coches. Antes de aplicar la pintura debe agitar bien la lata. De hecho, es mejor pulverizar una muestra para comprobar que se ha mezclado suficientemente

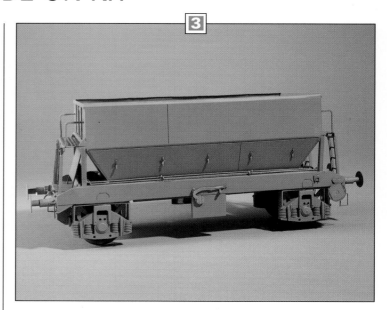

2 Una pieza muy útil es esta mesa-estante, como las que se utilizan en las pastelerías. La mesa rota y permite rociar el modelo desde cualquier lado sin tener que sujetarlo.

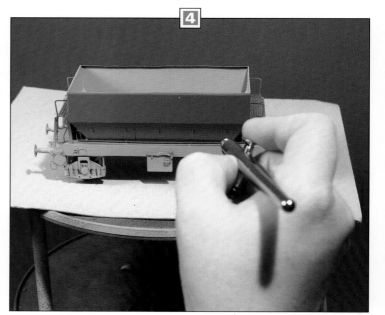

4 Primero se aplica una capa de pintura azul en la mitad superior del vagón. En esta zona se pondrá finalmente el logotipo del propietario. La pintura se mezcla con una cantidad igual de disolventes (la pintura debe tener la consistencia de la leche). Luego se pulverizan capas uniformes por todo el modelo, empezando y terminando de pulverizar fuera de los bordes del modelo para evitar salpicaduras.

5 Una vez seca la pintura (al menos hay que dejar ocho horas entre cada aplicación), se puede enmascarar el primer color. Este sistema se conoce como enmascaramiento inverso. Utilice cinta de revestimiento de 5mm de ancho y empiece en el extremo de uno de los lados más largos; se pega el extremo en el modelo, se pone la cinta por todo el lado y se presiona suavemente, asegurándose de que está recta (utilice una regla metálica). Luego se pega la cinta en el otro lado largo del mismo modo. No deben colgar trozos de cinta en las esquinas. Debe dejarlas cuadradas con un escalpelo o unas tijeras afiladas.

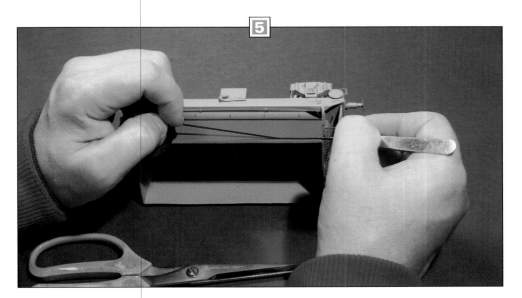

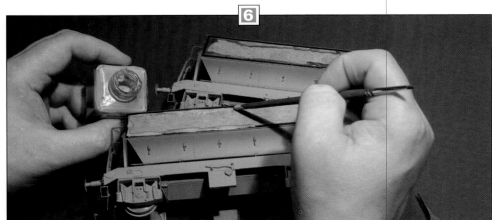

6 Ahora se enmascara la zona central utilizando cinta enmascaradora normal. No tiene por qué coincidir con la cinta de revestimiento, de hecho, es bueno dejar un hueco entre ambas. Para que la junta entre la cinta de revestimiento y la enmascaradora sea impermeable al pulverizador, se pinta la franja entre ambas cintas con líquido de enmascarar, sellando ambos bordes. Luego se deja secar (se forma una fina película que cambia de color y tarda unos minutos en secarse).

7 El siguiente color a aplicar es el negro del chasis. Hay que sujetar el modelo con la mano para pulverizar debajo (es aconsejable cubrir su mano con una bolsa de plástico). Se deja secar el modelo durante ocho horas mientras seca la pintura.

CONSEJOS ÚTILES

Limpie bien cualquier modelo antes de pintarlo lavándolo en agua jabonosa y aclarándolo en agua caliente.

Utilice un pie giratorio para pulverizar los modelos, por ejemplo un estante para tartas.

Deje que pasen por lo menos ocho horas entre las aplicaciones de cada color para que la pintura pueda endurecerse lo suficiente.

Barnice siempre su modelo después de pegar transferibles para sellarlos y que no se curven.

8 Utilizando la misma técnica de antes, se enmascara la zona negra. Al decidir qué zona va a enmascarar, es mejor optar por las más sencillas —con un aerógrafo es fácil pulverizar un color claro sobre uno oscuro.

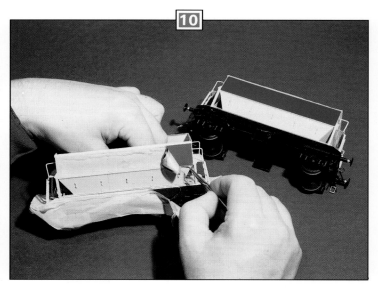

10 Después se despega la cinta enmascaradora dejando al descubierto los colores anteriores, que ahora han quedado perfectamente demarcados con bordes claros y limpios. Dado que la última aplicación de pintura suele hacerse en la zona más amplia, quite el enmascaramiento cuando la pintura aún está un poco blanda.

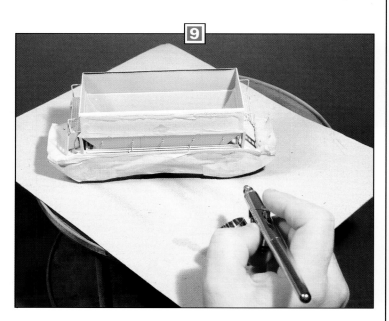

9 Ahora se coloca el modelo en el centro del estante giratorio y se pulveriza con gris claro. Si pulveriza varias capas se irá formando el color que debe cubrir el azul sin el riesgo de tapar los detalles finos del vagón, algo que puede ocurrir fácilmente si utiliza un pincel.

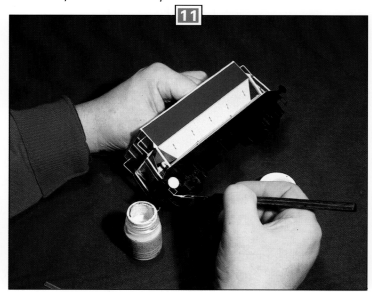

11 Utilizando un pincel fino se resaltan algunos detalles finos. Aquí se están pintando los escalones blancos y la rueda de freno. Las protuberancias de las cajas de los ejes se pintarán de amarillo más tarde.

= APLICACION DE TRANSFERIBLES Y ENVEJECIMIENTO =

1 APLICACION DE TRANSFERIBLES **2**

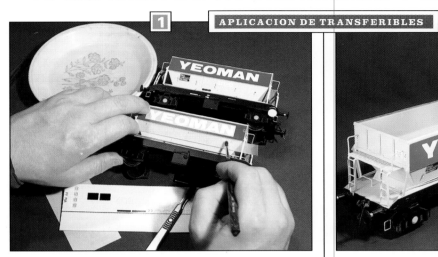

1 Pegar transferibles no es tan difícil como algunos piensan si se siguen algunos consejos. En este caso utilizamos transferibles de los de pegar y fijar con el nombre del propietario. Primero se marca un trozo de cinta enmascaradora con la longitud del nombre y situamos el punto central. La cinta se centra en el lateral del vagón para servirnos de guía a la hora de colocar el transferible, que después fijaremos presionando firmemente. Luego se moja con agua la cara posterior para que se ablande y se pueda quitar fácilmente.

2 Después de pulverizar los interiores con un color de aluminio o acero y de barnizar cada vagón para proteger los transferibles, los vehículos acabados resultan realmente convincentes.

1 ENVEJECIMIENTO **2**

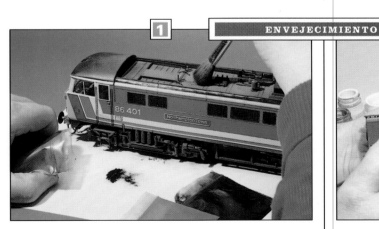

1 La cantidad de envejecimiento que se debe aplicar es una cuestión de gusto personal. A algunos modelistas les gusta aplicar mucho, mientras que otros sólo aplican un poco de polvo. Si su intención es que el modelo se parezca al real, tendrá que aplicar una buena capa de «suciedad» en techos y chasis. Hay dos formas de aplicar el envejecimiento: pintándolo y utilizando polvos de envejecimiento. También pueden combinarse. El techo y el chasis de este tren se han aerografiado ligeramente con un color de polvo muy bien diluido y ahora se están resaltando algunas zonas utilizando polvos negros.

2 El envejecimiento de estos furgones americanos se ha conseguido pulverizándolos ligeramente con una pintura de envejecimiento diluida. No siempre se puede conseguir el efecto deseado de una sola pasada. Normalmente las zonas envejecidas necesitan varias capas.

PEN-THAVEN BRIDGE

SOUTHERN
337

PARKINSON

TUDHOPE GRAVESEND

CORRALL & CO LTD BRIGHTON

CONSTRUCCION DE UNA LOCOMOTORA

10

IZQUIERDA

La «Mogul» del Great Western llega y la antigua LSWR 4-4-0 sale con el tren de la Southern Region. Estas locomotoras han sido construidas y acabadas por manos expertas y es una delicia contemplarlas.

Las técnicas para construir el vagón metálico descritas en el capítulo anterior son esencialmente las mismas que se utilizan para construir una locomotora. Este kit Claughton a escala 4mm HO/OO tiene más piezas de metal blanco para el cuerpo que el vagón, pero la mejor forma de montarlo es soldando las piezas. Sin embargo, si prefiere pegarlas, cualquiera de los pegamentos de resina epoxídica en dos partes resultará ideal para este tipo de kit. Se utilizan mezclando cantidades iguales de dos partes que puede extender sobre un trozo de cartulina para mezclarlas. Cuando aplique el pegamento coloque una película muy fina sobre las dos superficies que vaya a unir, luego junte cuidadosamente las partes y limpie lo que sobre, asegurándose de que las partes quedan cuadradas. Póngalas aparte y déjelas secar 24 horas antes de seguir utilizándolas. Debido a la cantidad de tiempo que necesita para secarse, es mejor construirlo todo en unidades pequeñas.

═ CONSTRUCCION DE UNA LOCOMOTORA ═

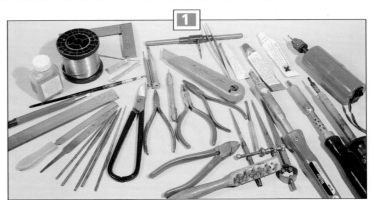

1 En este proyecto se utiliza una gama de herramientas más amplia que en la construcción del kit de vagón metálico. Aunque esencialmente aparecen más cantidad de algunos elementos, como limas, las principales novedades son el taladro eléctrico para realizar o agrandar agujeros en el latón. Junto a los diferentes alicates vemos unas tijeras para chapa. También vemos pegamento con dos partes de resina epoxídica para los elementos externos.

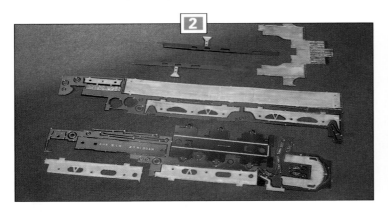

2 Las principales piezas de latón fotograbado son para el chasis del ténder, el cuerpo, chasis de la locomotora y doseleras de la plataforma. Este tipo de kit saca todo el partido de los aspectos positivos de cada clase de metal: para el detalle y pulcritud de superficies, el latón fotograbado es lo mejor.

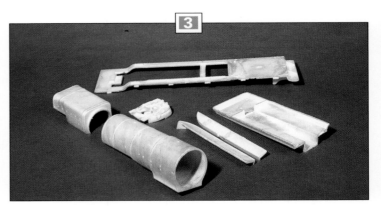

3 Aquí están las principales piezas de metal blanco para la parte superior del ténder, la plataforma de la locomotora, la caja de fuego y el ensamblaje de la caldera con la caja de humos. Deben limarse para suavizarlas (véase página 70). Luego se comprueba que las piezas que va a soldar o pegar encajan bien.

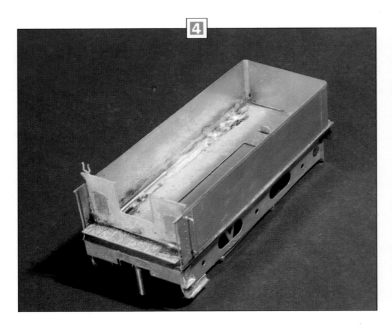

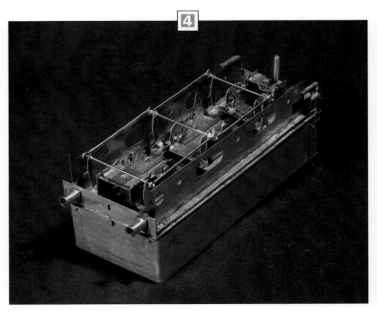

4 Aquí están las vistas superior e inferior del ténder y el chasis durante el ensamblaje.

CONSEJOS UTILES

Tanto si se suelda como si se pega, primero debe limpiar las partes que vaya a unir.

Siempre que sea posible construya por partes pequeñas.

Pinte el chasis —normalmente negro— antes (no después) de colocar las ruedas.

Compruebe que la construcción queda cuadrada, pero aún es más importante comprobar que la chimenea, cúpula y la válvula de seguridad están en línea e inclinadas hacia delante o hacia detrás.

Deje suficiente holgura lateral en los juegos de ruedas para que el chasis pueda tomar un radio mínimo en el trazado.

5 Los dos bastidores principales para el chasis están separados por distanciadores y los agujeros de los ejes han sido taladrados con máquina para que los cojinetes ajusten con exactitud. En los pares de ruedas una está aislada y otra no, y cada lado debe tener ruedas del mismo tipo. Es necesario para que se efectúe la transmisión eléctrica.

6 Las partes básicas del cuerpo, tanto de latón fotograbado como de metal blanco, han sido soldadas. Aunque las instrucciones separan la construcción del cuerpo de la locomotora y el ténder, de hecho, es una buena idea construir las dos partes al mismo tiempo para asegurarse de que encajan perfectamente.

7 Los detalles finales que hay que añadir a la locomotora son la cúpula, la chimenea y las válvulas de seguridad, además de los pasamanos y las piezas más pequeñas. Es mejor pegarlas que soldarlas.

8 El modelo, una vez construido, debe limpiarse y secarse a fondo antes de pintarlo para que el acabado sea de primera clase.

9

9 *La locomotora terminada y pintada con el color carmesí lacado de la LMS muestra lo hermosas que eran estas elegantes loco-motoras.*

DERECHA

La pintura de cualquier locomotora puede realzar o estropear un modelo excelentemente construido, así que merece la pena tener cuidado en esta etapa para evitar echar a perder los esfuerzos realizados durante el proceso de construcción.

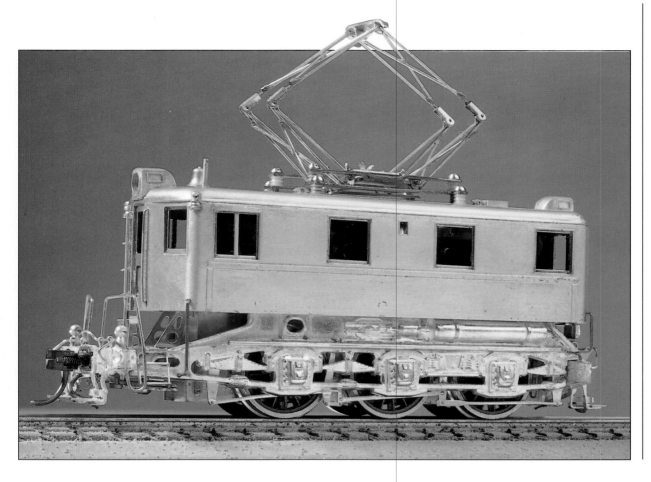

Esta locomotora eléctrica de maniobras de Pennsylvania, todavía en su estado de latón sin terminar, presenta una construcción impecable.

11

CONSTRUCCION DE EDIFICIOS

IZQUIERDA
Esta obra maestra a escala HO combina inteligentemente los edificios de ladrillo con los de hormigón.

Los edificios de una maqueta de ferrocarril suelen pertenecer a tres categorías: edificios del ferrocarril, edificios privados o adyacentes a la propiedad del ferrocarril y relacionados con éste y, finalmente, todos los demás. Obviamente, en todo trazado deben aparecer edificios del ferrocarril, pero es aconsejable incluir también otros tipos de edificios. Los que pertenecen a la tercera categoría están, esencialmente, para justificar la existencia del ferrocarril. Después de ver diversos trazados bellamente adornados con edificios de gran realismo, es fácil deducir que, a menos que haya una ciudad cerca, la maqueta parecerá incompleta.

Existe una gran variedad de kits para maquetas. La mayoría de los kits ingleses de edificios del ferrocarril están fabricados en cartulinas impresas. Algunas de ellas, diseñadas para un ensamblaje rápido, carecen de realismo y necesitan algún que otro retoque.

Los kits de plástico para edificios de escenas inglesas no son muy abundantes, aunque algunos fabricantes europeos están empezando a fabricarlos. Algunas compañías están produciendo tanto kits de plástico como edificios completos. Quizá puedan tener demasiado aspecto de juguetes para el aficionado, pero pueden utilizarse para rellenar un hueco en el trazado ya que están bien proporcionados y siguen la tradición británica.

Los numerosos kits europeos para edificios son reproducciones tan excelentes de los estilos arquitectónicos europeos que muchos de ellos estarían fuera de lugar en una escena puramente británica. Sin embargo, los edificios industriales suelen ser muy parecidos en todos los sitios y con los demás, escogidos con cuidado, se pueden conseguir modelos sorprendentemente eficaces.

— KIT DE CARTULINA PARA EDIFICIO —

1 *Un kit de edificio de estación es un proyecto ideal para empezar con la construcción de edificios. Están fabricados en cartulina fuerte que viene en láminas empaquetadas. Las partes más importantes están sujetas por unas pestañas que se cortan fácilmente con un cuchillo afilado. Una vez que se hayan doblado las principales partes del edificio es importante colocar las paredes y laterales cuadradas y perpendiculares. Para lograrlo puede ayudarse de una escuadra y una regla metálicas.*

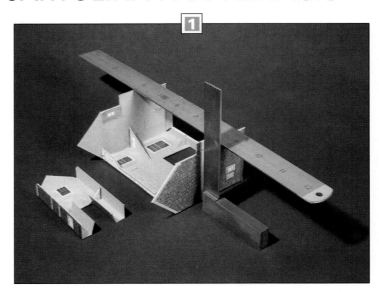

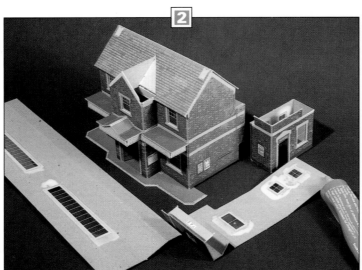

2 *Las ventanas, después de recortarlas cuidadosamente, se pegan en las aberturas correctas antes de empezar a colocar las paredes en su sitio. Una vez que se ha secado la cola se pueden formar los edificios.*

3 *Este es un método sencillo para conseguir edificios bastante convincentes y, como puede verse en el resultado, presentan un bonito aspecto una vez finalizados.*

Este almacén de mercancías está construido en escala O y refleja perfectamente el carácter de su época. Está construido enteramente en cartulina plastificada y el interior está tan detallado como el exterior.

Esta escena austriaca a escala HO utiliza uno de los muchos kits de plástico para edificios, magníficamente detallados.

Con poco más de unos cambios cosméticos, la mayoría de los kits de plástico pueden sufrir adaptaciones que sus diseñadores probablemente no habrían imaginado. Multitud de estructuras que tienen en común un dibujo de pared de ladrillos y puertas y ventanas bastante similares resultan ideales para mezclarlas y combinarlas según nuestras necesidades. De esta manera se han construido algunos edificios industriales realmente impresionantes.

La poca cantidad existente de kits que se acoplen instantáneamente a nuestras maquetas no es ningún problema, ya que las maquetas de ferrocarriles suelen ser variadas y personalizadas, por lo que, por muy grande que sea la gama, siempre habrá algo que falte para *su* trazado. Alrededor de la mayoría de las estaciones de ferrocarril suele haber un revoltijo de diferentes tipos de edificios —a veces en el más absoluto esta-

do de deterioro, a veces en buenas condiciones. Como resultado, la representación imaginativa de esa individualidad no tiene límites. Además, si le gusta la arquitectura de otro país, no hay razón para que no construya una maqueta de un tramo del ferrocarril de ese país utilizando los modelos adecuados. A pesar de la amplia gama de opciones que esto le permite, habrá sin duda edificios que desee construir usted mismo.

Los materiales tradicionales para construir maquetas de edificios son el cartón y el aglomerado, pero últimamente el cartón plastificado se ha hecho muy popular. Probablemente porque se compra en láminas con todo tipo de estructuras en relieve, incluyendo ladrillos, tejas, superficies de calles, adoquines, muros, tablas... la lista sigue. Esto les ahorra a los modelistas mucho tiempo y suele ser más realista que las tex-

ARRIBA

Esta maqueta de una tradicional calle de tiendas en el norte de Inglaterra está construida con cartón cubierto de papel pintado con dibujo de ladrillos. Después se han pintado cuidadosamente los edificios.

CONSEJOS UTILES

Cuando ensamble paredes en ángulos rectos, añada refuerzos triangulares en el interior.

Compruebe de vez en cuando que los componentes de sus edificios siguen cuadrados durante toda la construcción.

Después de doblar los edificios de cartulina, utilice un rotulador del color adecuado para tapar la línea blanca de dobladura.

Siempre que sea posible, prolongue las paredes del edificio por debajo del nivel del suelo, de modo que tenga que «plantarlos» en su sitio —evitará el problema del hueco visible entre la parte inferior del edificio y el suelo.

Si coloca una pequeña luz en una de las habitaciones, dará vida a cualquier edificio.

turas conseguidas con otros medios. Se trata también de un medio fácil de cortar y pegar. Sin embargo, hay que tener un cuidado extremo al utilizar las colas especiales necesarias ya que el vapor de éstas es bastante potente; deberá trabajar en una habitación bien ventilada y no durante períodos largos de tiempo.

Un ejemplo de lo que puede conseguirse es el trabajo de Shirley Rowe —un trazado basado en España. Visitó esta zona cuando estaba allí de vacaciones y se inspiró tanto por lo que vio que hizo esta maqueta. Ella me contó cómo lo diseñó y construyó.

Siguiendo la línea costera en la que está situada la estación de Sant Pol hay una larga línea de lugares de veraneo, pero no había ninguna estación en particular que mereciese un diorama. Sin embargo, cada uno de ellos tenía rasgos atractivos y había otras

ARRIBA

Este dibujo del trazado «Catalunya» da una buena idea de la cantidad de edificios incluidos. Las flechas numeradas muestran las posiciones desde las que se tomaron las fotografías que aparecen debajo y en la página 93.

ciudades, lejos del ferrocarril, que poseían una riqueza de edificios tal que bien valía la pena modelarlas. Así pues decidió crear una escena compuesta en el diorama final, cuyas características se extrajeron de cinco lugares de la zona.

Tomó más fotografías de las que nunca se podrían introducir en un diorama con la intención de disponer de una amplia selección de «posibles» modelos a la hora de planificarlo.

En Sant Pol hay un túnel al final del andén, pero los edificios de la colina que hay encima no eran demasiado interesantes. Por el contrario, en Tossa había un promontorio rocoso muy parecido que se levantaba desde la playa con unas impresionantes murallas y torretas de un castillo construido sobre las rocas, pero sin ferrocarril cerca. Fotografió ambos lugares con la esperanza de poder combinarlos.

Una vez en casa, extendió todas las fotografías y seleccionó los mejores edificios. Luego eligió sus posiciones colocándolos sobre el suelo en los lugares aproximados que ocuparían en el diorama.

Para facilitar el proceso de planificación construyó un diorama de cartón, incluyendo el armario —una tablero con laterales y cara posterior pero con el frontal abierto. Modeló el paisaje y los edificios en gomaespuma a escala 1:750. De esta forma vio que la playa, las vías, la estación, el promontorio, el túnel y las murallas del castillo, junto con los edificios elegidos serían los elemen-

ARRIBA

Vista de la línea de ferrocarril desde la playa. Obsérvese que no hay vallas alrededor de las vías, una característica típica de los ferrocarriles españoles.

IZQUIERDA

Una vista desde encima del trazado, mirando directamente hacia la estación.

ARRIBA

Una vista que muestra la variedad de tejados en los edificios que hay justo detrás de la estación.

ARRIBA

Escaleras que suben hacia las casas y pisos que hay cerca de las ruinas.

IZQUIERDA

Barcos amarrados en la orilla bajo las ruinas.

IZQUIERDA

Casas pequeñas situadas cerca de la playa y junto a la estación.

tos esenciales. Aunque eran piezas rudamente modeladas en gomaespuma, era fácil ver exactamente qué edificios «secundarios» quedarían bien alrededor de los ya escogidos para completar la escena.

El tramo de playa desde Barcelona hasta Tossa de Mar incluye Pineda, Sant Pol, Malgrat y otros tres lugares con el sufijo «de Mar», así que decidió que el nombre de esta ciudad imaginaria también sería un «de Mar». Debía haber murallas de un castillo en el promontorio y Shirley había visitado la ciudad de Castellet, así que la estación es Castellet de Mar. ¿Entonces, por qué el nombre de *Catalunya* para el trazado completo? Bueno, había pasado unas interesantes vacaciones en España, explorando lo que es la región de Cataluña, pero vio que los mapas locales ponían el nombre en catalán «Catalunya», que le gustó mucho más.

Primero empezó la estación, luego los edificios más cercanos. Estos últimos los construyó con cartón plastificado, pero las estructuras posteriores fueron sus primeros experimentos en la construcción con cartulina. Había que construir tantos edificios que tardó casi dos años y medio en completarlos.

ABAJO

Lo grande no siempre es mejor, como demuestra este pequeño detalle. Incluso un sencillo edificio de un kit de plástico, situado en un entorno convincente y convenientemente pintado, combina perfectamente con el resto de la escena.

Por fin llegó la hora de construir un tablero para el diorama. Debía ser resistente porque iba a ser una sola pieza que mediría 2,4 × 1,06m. Tenía que haber una superficie plana en la parte frontal para el mar, la playa, la vía y la carretera, pero la mitad posterior está formada por simples bloques de poliestireno pegados al armazón de madera. Nunca antes había colocado una vía, pero el tablero que utilizó para la superficie permitía clavarla fácilmente y, con un plan de vía tan sencillo, no fue difícil de hacer.

Pegó los bloques de poliestireno formando el promontorio del castillo e hizo unos agujeros para introducir las bases de las torres y las murallas del castillo. Estas últimas las había construido con un tipo de «Pladur». Se trata de dos capas de cartón entre las que se encuentra una lámina de espuma expandida de 3, 4 ó 5mm. Después se retira el cartón de un lado para dejar al descubierto la suave superficie de la espuma. Presionando en ella con un pequeño destornillador pudo crear el efecto de murallas de piedra. Las murallas de Tossa estaban desgastadas por el tiempo, y algunas piedras se estaban desmoronando, pero fue fácil reproducir sus hendiduras presionando la superficie de la espuma para hacer las piedras. Coloreó las murallas dando primero una mano de pintura sobre toda la superficie con el color de las juntas, luego pintó cada piedra individualmente, variando un poco los tonos. Parece aburrido, pero en la práctica se trata de un trabajo fácil, relajante y absorbente.

Para representar los tejados de tejas de las casas utilizó platitos de aluminio y una prensa fabricada para darles forma de tejas en fila. Hay muchos tramos de escaleras que ascienden entre las casas y tiendas y que fueron algo más complicados de hacer. Primero instaló las casas de un lado de las escaleras, luego le dio la forma aproximada al poliestireno y después hizo los escalones con tiras de cartón.

Existe muy poco material para el modelista de ferrocarriles españoles, pero afortunadamente Shirley encontró una locomotora Sharp Stewart de 1878, que fue propiedad de la Compañía de Ferrocarriles de Madrid, Zaragoza y Andalucía, y algunos coches utilizados en las líneas costeras que partían de Barcelona. Las fotografías cuentan el resto de la historia y demuestran que todo ese esfuerzo mereció la pena.

GLOSARIO

Acoplamiento Mecanismo que conecta y une los vehículos.

Adherencia contacto entre rueda y raíl.

Alineamiento ayudar a un tren que sube por una pendiente uniendo una o más locomotoras en la parte trasera.

Ancho distancia entre los raíles de una vía.

Ancho estándar la medida de 1.435mm entre un par de raíles.

Andén isla andén con vías en ambos extremos.

Apartadero línea utilizada para estacionar vehículos temporalmente.

Apartar mover vehículos hacia una vía menor o clasificarlos en un orden particular.

Apartadero falso grupo de apartaderos en los que los trenes finalizan su recorrido para ser almacenados.

Apeadero lugar de parada sin estación para líneas locales.

Autónoma una maqueta que no está directamente basada en un prototipo real.

Balasto material colocado entre las traviesas.

Bastidor inferior bastidor o esqueleto que hay bajo el cuerpo de un vagón.

Bogie Bastidor o plataforma corta con cuatro o seis ruedas que puede pivotar en la parte central donde está unido al chasis de una locomotora, coche o vagón.

Bogie con motor bogie con ruedas motrices o ejes motorizados.

Catenaria Cable de sujeción para los cables conductores de un sistema de electrificación por encima de la vía.

Circuito cerrado conexión circular continua entre líneas que van y vienen.

Clave cuña de madera o acero que sujeta un raíl en la silla y que está asegurada con pernos a la traviesa para medir el ancho correcto.

Coche de inspección coche privado del ingeniero médico jefe.

Coche pullman vagón de pasajeros con un alto nivel de comodidad y servicio.

Corte escénico un bloque dentro de un trazado para separar fondos escénicos distintos.

Cruce plano donde dos ferrocarriles o una carretera y un ferrocarril se cruzan al mismo nivel.

De extremo a extremo trazado con una terminal en cada extremo.

Eclisas placas aisladas de metal o plástico para unir raíles.

Esquema exposición de vías y señales controladas por una garita de maniobras.

Estribo soporte lateral en el extremo de un arco o puente.

Gálibo la altura y anchura límite del material rodante y las cargas para asegurar que los trenes se crucen sin rozarse.

Línea de maniobras línea que corre paralela con la línea principal para cambiar trenes de vía.

Linterna trasera linterna colocada en la parte trasera del último vehículo.

Locomotora calesín locomotora con mecanismo de engranajes impulsada por ejes externos.

Locomotora tanque locomotora que transporta suministro de carbón y agua sobre su propio bastidor.

Locomotora ténder locomotora que transporta su suministro de carbón en un vehículo separado y permanentemente acoplado llamado ténder.

Máquina ligera locomotora sin tren.

Material rodante coches y vagones.

Pantógrafo unión entre el sistema de catenaria que va por arriba y el tren o locomotora.

Paso elevado puente que hace pasar los trenes sobre carreteras, ríos y demás.

Pendiente o grado inclinación con respecto a la horizontal.

Piloto locomotora extra acoplada a la parte delantera de la locomotora de un tren para tener más potencia a la hora de ascender pendientes pronunciadas.

Placa de asiento piezas metálicas, una a cada extremo de la traviesa, que sujetan ésta al suelo.

Punto lugar en el que los trenes pueden ser desviados hacia otra línea.

Reborde borde saliente de la cara interior de una rueda.

Relleno mantenimiento del nivel correcto en la traviesa mediante el ajuste del balasto que hay debajo de ella.

Retornar llevar un tren marcha atrás hacia un apartadero.

Rotonda un mecanismo giratorio que cambia de dirección a las locomotoras.

Ruta permanente base de vía y vías una vez colocadas.

Semáforo tipo de señal con un brazo pivotante que puede subirse o bajarse.

Señal de aviso señal que avisa a los trenes que se aproximan del estado de las señales de detención que hay más adelante.

Señal de salida señal que autoriza a proceder a un tren.

Señal término señal de detención con semáforo.

Sesgo cantidad por la que un raíl de una vía en curva está levantado por encima del otro.

Tendedor de vía persona encargada del mantenimiento de las vías.

Término final de una línea o punto de partida, que incluye estación, agujas, edificios y demás equipo.

Tirante de bastidor una de las partes principales del bastidor inferior de un vagón.

Traviesa travesaño para sujetar los raíles y mantenerlos con el ancho de vía correcto.

Tren lanzadera servicio regular de ida y vuelta sobre una ruta corta.

Tren automotor un vehículo autopropulsado para transporte de viajeros.

Unidad múltiple un «grupo» de coches propulsados internamente por motores diesel o eléctricos y manejado por un solo maquinista.

Vía de la albardilla zona de clasificación con una rampa artificial para lanzar y clasificar los vagones por gravedad.

Vía estrecha vía con menos ancho del estándar: 1.435mm.

Vía múltiple sección de vía con más de una línea que va y viene.

Vía de transmisión lugar en el que los vagones son clasificados y unidos para formar trenes.

— INDICE —